일단 합격

TOPIK I

한국어능력시험

실전 모의고사

노병호 · 강은진 · 김현우 · 서태순 · 최현실 지음

동양북스

이 책의 특징

실전 모의고사 4회분 모두 실제 시험과 동일합니다.

TOPIK I 시험을 보기 전에 꼭 풀어 보아야 할 문제를 아낌없이 수록하였습니다.

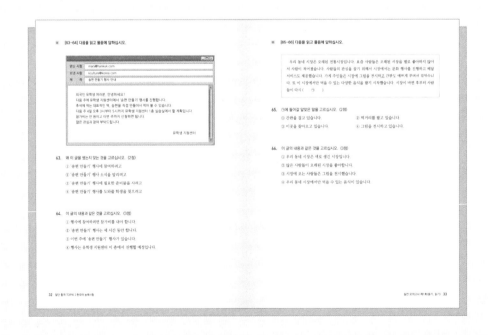

상세하고 꼼꼼한, 궁금한 것을 모두 다 알려주는 답안지입니다.

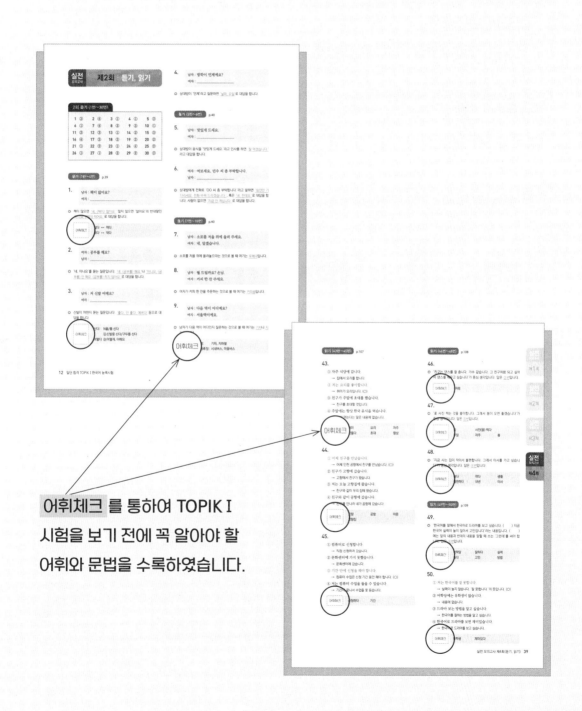

어휘체크 를 통하여 TOPIK I
시험을 보기 전에 꼭 알아야 할
어휘와 문법을 수록하였습니다.

TOPIK I 시험 안내 (https://www.topik.go.kr/)

① 시험 목적

— 한국어를 모국어로 하지 않는 재외동포 · 외국인의 한국어 학습 방향 제시 및 한국어 보급 확대
— 한국어 사용 능력을 측정 · 평가하여 그 결과를 국내 대학 및 취업 등에 활용

② 응시 대상

한국어를 모국어로 하지 않는 재외동포 및 외국인

③ 주요 활용처

• 국내 대학(원) 입학 및 졸업 • 정부 초청 외국인 장학생 프로그램 진학 및 학사 관리 • 국외 대학의 한국어 관련 학과 학점 및 졸업요건	• 국내/외 기업체 및 공공기관 취업	• 영주권 취득 취업 등 체류 비자 취득

④ 시험 수준 및 등급

TOPIK I	
1급	2급
80~139점	140~200점

⑤ 문항 구성

구분	TOPIK I	
영역	듣기	읽기
문항 수	30문항	40문항
문항 유형	객관식	객관식
배점	100점	100점
총점	200점	

⑥ TOPIK I 시험 시간표 및 유의 사항

시험 수준	교시	영역	한국			시험 시간 (분)
			입실 완료 시간	시작	종료	
TOPIK I	1교시	듣기, 읽기	09:20까지	10:00	11:40	100

— 09:20 이후에는 시험실 입실이 절대 불가합니다.

— 쉬는 시간을 포함한 시험 시간 중에는 모든 전자기기를 사용할 수 없으며, 소지 적발 시에는 부정행위로 간주합니다.

— 시험 중, 책상 위에는 신분증 외에 어떠한 물품(수험표 포함)도 놓을 수 없습니다.

토픽에서 인정하는 신분증: 기간 만료 전의 여권, 외국인등록증, 외국국적동포 국내거소신고증, 영주증, 복지카드(장애인등록증), 주민등록증(발급신청확인서), 운전면허증, 대학(원)생의 경우, 한국어능력시험 신원확인증명서 인정. 초·중·고등학생인 경우, 학생증, 청소년증, 한국어능력시험 신원확인증명서 인정.

⑦ TOPIK I 평가 기준

TOPIK I의 등급별 평가 기준에 따라, 자신이 목표로 하는 등급이 어떤 수준의 능력을 요구하는지 알아야 합니다.

☑ 자신의 한국어 실력이 TOPIK I 각 등급의 평가 기준을 만족하는지 항목을 확인해 보세요.

등급	내용
1급	☑ 자기 소개하기, 물건 사기, 음식 주문하기 등 생존에 필요한 기초적인 언어 기능을 수행할 수 있으며 자기 자신, 가족, 취미, 날씨 등 매우 사적이고 친숙한 화제에 관련된 내용을 이해하고 표현할 수 있다. ☐ 약 800개의 기초 어휘와 기본 문법에 대한 이해를 바탕으로 간단한 문장을 생성할 수 있다. 또한 간단한 생활문과 실용문을 이해하고, 구상할 수 있다.
2급	☐ 전화하기, 부탁하기 등의 일상 생활에 필요한 우체국, 은행 등의 공공시설 이용에 필요한 기능을 수행할 수 있다. ☐ 약 1,500~2,000개의 어휘를 이용하여 사적이고 친숙한 화제에 관해 문단 단위로 이해하고 사용할 수 있다. ☐ 공식적 상황과 비공식적 상황에서의 언어를 구분해 사용할 수 있다.

목차

MP3 다운로드 방법

① 동양북스 홈페이지에 들어갑니다.

https://www.dongyangbooks.com/

② 도서 자료실을 클릭합니다.

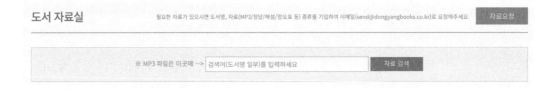

③ TOPIK I 모의고사를 검색합니다.

④ 첨부파일을 다운로드 받습니다.

TOPIK I 이렇게 공부해요

시간 관리 연습하기　TOPIK I 시험에서는 100분 안에 듣기와 읽기 영역의 모든 문제를 풀어야 하므로, 시간 관리가 매우 중요합니다. 시험 준비 과정에서 실제 시험 시간에 맞춰 모의고사를 풀어보며 시간을 관리하는 연습을 해야 합니다. 한 문제에 너무 오랜 시간을 투자하지 않도록 주의하고, 어려운 문제나 모르는 단어가 나오면, 일단 다음 문제로 넘어가고 나중에 다시 돌아오는 것이 좋습니다. 시계를 앞에 두고 모의고사를 풀어보는 것도 효과적입니다. 실제 시험에서는 답안지 마킹 시간을 고려해야 하므로, 90분 안에 모든 문제를 풀고, 남은 시간에 어려운 문제를 검토하는 것이 이상적입니다. 혼자 공부할 때도 항상 시간을 재며 연습하는 습관을 길러야 합니다.

듣기와 읽기 실력 강화하기　듣기와 읽기 영역에서 좋은 성적을 거두기 위해서는 TOPIK I에 자주 등장하는 텍스트를 자주 듣고 읽는 것이 좋습니다. 중요한 것은 단순히 듣고 읽는 것이 아니라, 내용의 핵심을 빠르게 파악하고, 문제 해결에 필요한 정보를 정확히 추출하는 연습을 꾸준히 하는 것입니다. 시험에서 시간을 효율적으로 관리할 수 있도록, 제한된 시간 내에 텍스트 속 핵심 정보를 찾아내는 연습을 하는 것도 큰 도움이 됩니다.

기출문제 여러 번 풀어보기　TOPIK I 실전 모의고사를 반복해서 풀어보는 것은 매우 중요한 학습 방법입니다. 이를 통해 시험에서 출제되는 문제 유형을 파악할 수 있습니다. 반복 학습을 통해 문제 해결에 대한 자신감을 키우고, 다양한 문제 유형에 익숙해지도록 합니다. 이 과정에서 틀린 문제는 철저히 복습하여 같은 실수를 반복하지 않도록 하는 것이 중요합니다.

어휘와 문법 확장하기　문제를 풀면서 모르는 단어와 문법을 표시해 두고 사전에서 그 단어 혹은 문법의 뜻을 찾아 정리하는 것이 좋습니다. 시험을 볼 때 해당 단어와 문법이 시험에 등장할 수 있습니다. 그래서 고득점을 위해서라면 단어와 문법을 많이 아는 것이 좋습니다. 본인의 단어장을 가지고 다니면서 매일 조금씩 단어와 문법을 외우면 좋습니다.

제1회 한국어능력시험 실전 모의고사

TOPIK I

듣기, 읽기
(Listening, Reading)

수험번호(Registration No.)		
이 름 (Name)	한국어(Korean)	
	영 어(English)	

유 의 사 항
Information

1. 시험 시작 지시가 있을 때까지 문제를 풀지 마십시오.

   Do not open the booklet until you are allowed to start.

2. 수험번호와 이름을 정확하게 적어 주십시오.

   Write your name and registration number on the answer sheet.

3. 답안지를 구기거나 훼손하지 마십시오.

   Do not fold the answer sheet; keep it clean.

4. 답안지의 이름, 수험번호 및 정답의 기입은 배부된 펜을 사용하여 주십시오.

   Use the given pen only.

5. 정답은 답안지에 정확하게 표시하여 주십시오.

   Mark your answer accurately and clearly on the answer sheet.

   Marking example   ① ● ③ ④

6. 문제를 읽을 때는 소리가 나지 않도록 하십시오.

   Keep quiet while answering the questions.

7. 질문이 있을 때에는 손을 들고 감독관이 올 때까지 기다려 주십시오.

   When you have any questions, please raise your hand.

※　[1~4] 다음을 듣고 〈보기〉와 같이 물음에 맞는 대답을 고르십시오.

─── 〈보 기〉 ───

가: 학교에 가요?

나: _____

❶ 네, 학교에 가요.　　　　② 네, 학교에 안 가요.

③ 아니요, 학교에 가요.　　④ 아니요, 학교에 없어요.

1.　(4점)

① 네, 사람이에요.　　　　② 네, 사람이 많아요.

③ 아니요, 사람이 있어요.　④ 아니요, 사람이 아니에요.

2.　(4점)

① 네, 노래가 있어요.　　　② 네, 노래를 알아요.

③ 아니요, 노래를 못해요.　④ 아니요, 노래가 아니에요.

3.　(3점)

① 네, 신문을 봐요.　　　　② 네, 신문이 있어요.

③ 아니요, 신문을 봐요.　　④ 아니요, 신문이 없어요.

4.　(3점)

① 친구랑 가요.　　　　　② 병원에 가요.

③ 점심 때 가요.　　　　　④ 집 근처에 있어요.

─────────────── 〈보 기〉 ───────────────

가: 안녕히 계세요.
나: _____

① 안녕하세요.   ② 어서 오세요.
③ 안녕히 계세요.   ❹ 안녕히 가세요.

─────────────────────────────────────

5. (4점)

① 괜찮습니다.   ② 그렇습니다.
③ 축하합니다.   ④ 고맙습니다.

6. (3점)

① 네, 제가 했어요.   ② 네, 제가 할게요.
③ 아니요, 제가 할게요.   ④ 아니에요, 당신이 하세요.

※ [7-10] 여기는 어디입니까? 〈보기〉와 같이 알맞은 것을 고르십시오.

─────────────── 〈보 기〉 ───────────────

가: 어디가 아프세요?
나: 머리가 아파요.

① 학교   ❷ 병원   ③ 호텔   ④ 공항

─────────────────────────────────────

7. (3점)

① 편의점   ② 우체국   ③ 미용실   ④ 세탁소

8. (3점)

① 편의점   ② 안경점   ③ 옷 가게   ④ 신발 가게

9. (3점)

① 여행사   ② 우체국   ③ 미용실   ④ 도서관

10. (4점)

① 회사   ② 빵집   ③ 세탁소   ④ 미용실

※ **[11-14]** 다음은 무엇에 대해 말하고 있습니까? 〈보기〉와 같이 알맞은 것을 고르십시오.

〈보 기〉

가: 누구예요?

나: 이 사람은 동생이에요.

① 고향   ② 이름   ❸ 가족   ④ 나이

---

11. (3점)

① 나이   ② 번호   ③ 날짜   ④ 시간

12. (3점)

① 가족   ② 직업   ③ 이름   ④ 생일

13. (4점)

① 여행   ② 사진   ③ 달력   ④ 그림

14. (3점)

① 휴일   ② 여행   ③ 나라   ④ 고향

15. ①  ②

③  ④

16. ①  ②

③  ④

────── 〈보 기〉 ──────

남자: 요즘 한국어를 배워요?

여자: 네, 한국 친구한테서 한국어를 배워요.

① 남자는 선생님입니다.　　② 여자는 학교에 다닙니다.

③ 남자는 한국어를 가르칩니다.　❹ 여자는 한국어를 공부합니다.

17.　① 빛초롱 축제는 올해가 처음입니다.

② 남자는 축제에 가고 싶지 않습니다.

③ 두 사람은 만나서 같이 축제에 갈 것입니다.

④ 빛초롱 축제는 이번 주 금요일에 시작합니다.

18.　① 남자는 삼만 원을 받았습니다.

② 남자는 티셔츠를 사려고 합니다.

③ 여자는 옷을 입어 보려고 합니다.

④ 여자는 남자에게 선물을 하려고 합니다.

19.　① 여자는 회의에 못 갑니다.

② 남자는 회의를 늦게 할 겁니다.

③ 남자는 지금부터 회의 준비를 합니다.

④ 여자는 남자와 같이 회의를 할 겁니다.

20.　① 남자는 지금 역 안에 있습니다.

② 남자는 전철역을 찾고 있습니다.

③ 여자는 박물관을 찾고 있습니다.

④ 여자는 지금 쌀 박물관에 있습니다.

21. ① 두 사람은 공항에 늦게 도착했습니다.

② 두 사람은 커피숍에서 다시 만날 겁니다.

③ 여자는 비행기 시간을 확인하려고 합니다.

④ 여자는 3시에 출발하는 비행기를 탔습니다.

※ [22-24] 다음을 듣고 <u>여자</u>의 중심 생각을 고르십시오. (각 3점)

22. ① 운전 연습을 더 해야 합니다.

② 출근할 때는 운전을 하면 안 됩니다.

③ 회사에서 지하철이 가까워서 편합니다.

④ 지하철로 회사에 가는 것이 더 좋습니다.

23. ① 창가 쪽에 앉고 싶습니다.

② 밖에서 먹는 것이 더 좋습니다.

③ 손님이 적은 식당이 더 좋습니다.

④ 기다리지 않고 바로 앉고 싶습니다.

24. ① 자전거 도로가 생겨서 좋습니다.

② 더 많은 사람들이 자전거를 타야 합니다.

③ 지전거 도로에서 사고가 더 많이 납니다.

④ 우리 동네에서는 자전거를 타면 안 됩니다.

25. 여자가 왜 이 이야기를 하고 있는지 고르십시오. (3점)

    ① 대회 날짜를 알려 주려고

    ② 더 많은 신청을 받으려고

    ③ 행사 장소를 알려 주려고

    ④ 신청하는 방법을 알려 주려고

26. 들은 내용과 같은 것을 고르십시오. (4점)

    ① 금요일에 신청을 받습니다.

    ② 춤 공연은 이번 주에 볼 수 있습니다.

    ③ 학생회관에서 글쓰기 대회가 있습니다.

    ④ 작년보다 대회에 신청한 학생들이 많습니다.

※ [27-28] 다음을 듣고 물음에 답하십시오.

27. 두 사람이 무엇에 대해 이야기를 하고 있는지 맞는 것을 고르십시오. (3점)

    ① 선물을 사는 곳

    ② 선물을 교환하는 기간

    ③ 선물을 교환하는 방법

    ④ 선물을 주고 싶은 사람

28. 들은 내용과 같은 것을 고르십시오. (4점)

    ① 여자는 사이즈가 큰 티셔츠를 받았습니다.

    ② 여자는 백화점에 티셔츠를 사러 갈 겁니다.

    ③ 여자는 친구에게 티셔츠 교환을 부탁했습니다.

    ④ 여자는 남자에게 주려고 티셔츠를 가지고 왔습니다.

[29-30] 다음을 듣고 물음에 답하십시오.

29.   남자가 이 책을 쓴 이유를 고르십시오. (3점)

　　　① 원래 글 쓰는 것을 좋아해서

　　　② 한국인들의 문화를 소개하고 싶어서

　　　③ 한국 문화에 대한 책이 인기가 있어서

　　　④ 자기의 특별한 경험에 대해 쓰고 싶어서

30.   들은 내용과 같은 것을 고르십시오. (4점)

　　　① 남자는 외국에서 일을 한 적이 있습니다.

　　　② 남자는 한국인의 문화에 대한 책을 썼습니다.

　　　③ 남자는 앞으로 외국 문화에 대한 책을 쓸 겁니다.

　　　④ 남자는 외국에서 친구들에게 질문을 많이 했습니다.

※ **[31-33]** 무엇에 대한 이야기입니까? 〈보기〉와 같이 알맞은 것을 고르십시오. (각 2점)

─────────── 〈보 기〉 ───────────

바람이 붑니다. 시원합니다.

① 날짜   ② 겨울   ③ 시간   ❹ 날씨

31.

오늘은 맑습니다. 내일은 비가 옵니다.

① 날짜   ② 날씨   ③ 시간   ④ 이름

32.

오늘은 금요일입니다. 내일은 토요일입니다.

① 요일   ② 주말   ③ 시간   ④ 약속

33.

연필이 만 원입니다. 조금 비쌉니다.

① 직업   ② 음식   ③ 나라   ④ 가격

─────────── 〈보 기〉 ───────────

물이 없습니다. 그래서 주스를 (   )

① 합니다   ② 좋습니다   ❸ 마십니다   ④ 모릅니다

34. (2점)

비가 옵니다. 그런데 (   )이 없습니다.

① 우산   ② 지갑   ③ 사전   ④ 안경

35. (2점)

(   )에 갑니다. 소포를 보냅니다.

① 서점   ② 공항   ③ 우체국   ④ 도서관

36. (2점)

저는 타일러입니다. 미국(   ) 왔습니다.

① 이   ② 의   ③ 하고   ④ 에서

37. (3점)

오늘은 제 생일입니다. 친한 친구들을 (   ).

① 배웠습니다   ② 좋아했습니다   ③ 구경했습니다   ④ 초대했습니다

38. (3점)

> 우리 오빠는 농구 선수입니다. 키가 (   ) 큽니다.

① 먼저   ② 자주   ③ 아주   ④ 아직

39. (2점)

> 누나의 결혼식입니다. 가족들이 함께 사진을 (   ).

① 줍니다   ② 만납니다   ③ 찍습니다   ④ 물어봅니다

※ **[40-42] 다음을 읽고 맞지 않는 것을 고르십시오. (각 3점)**

40.

① 표는 칠천 백 원입니다.

② 청량리로 가는 열차입니다.

③ 시월 이십일 일에 열차를 탑니다.

④ 오전 아홉 시 십오 분에 출발합니다.

41.

① 일요일에는 문을 안 엽니다.

② 토요일은 세 시에 끝납니다.

③ 점심시간은 두 시까지입니다.

④ 월요일부터 금요일까지 오전 열 시에 시작합니다.

42.

오늘의 날씨

서울	대전	광주	부산	제주도
16~20℃	17~22℃	19~24℃	18~21℃	18~22℃

① 서울은 오늘 우산이 필요합니다.

② 온도가 가장 높은 곳은 광주입니다.

③ 온도가 가장 낮은 곳은 대전입니다.

④ 대전과 광주는 오늘 날씨가 맑습니다.

[43-45] 다음의 내용과 같은 것을 고르십시오.

43. (3점)

> 집 근처에 새로 공원이 생겼습니다. 공원에 사람이 많습니다. 사람들이 공원에서 운동도 하고 이야기도 합니다. 저는 매일 한 시간쯤 공원을 걷습니다.

① 저는 매일 공원에서 걷습니다.

② 많은 사람들이 공원에 매일 갑니다.

③ 집에서 공원까지 한 시간쯤 걸립니다.

④ 저는 공원에서 사람들과 이야기합니다.

44. (2점)

> 제 취미는 일주일에 한 번 K-POP 수업을 듣는 것입니다. 거기에서 한국 노래를 부르고 춤을 배웁니다. 잘 못하지만 재미있습니다.

① 저는 매일 수업에 갑니다.

② 저는 한국 춤을 잘 춥니다.

③ 저는 한국 노래를 가르칩니다.

④ 저는 K-POP 수업이 재미있습니다.

45. (3점)

> 저는 어제 이사를 했습니다. 친구들이 도와줘서 이사가 금방 끝났습니다. 새집에서 친구들과 자장면을 먹었습니다.

① 이사가 오래 걸렸습니다.

② 친구가 이사를 했습니다.

③ 제가 친구를 도와줬습니다.

④ 이사한 집에서 식사를 했습니다.

46. (3점)

> 저는 수영을 못합니다. 그런데 제 친구는 매일 수영을 해서 건강이 좋아졌습니다. 저도 그 친구처럼 되고 싶습니다.

① 저는 매일 수영하고 싶습니다.

② 저는 수영 선수가 되고 싶습니다.

③ 저는 친구와 같이 수영하고 싶습니다.

④ 저는 수영을 해서 건강해지고 싶습니다.

47. (3점)

> 처음으로 저는 외국 여행을 갔다 왔습니다. 저는 형에게 시계를, 동생에게 가방을 선물했습니다. 형과 동생은 이 선물을 받고 기뻐했습니다.

① 저는 외국 여행을 자주 갈 겁니다.

② 저는 시계와 가방이 마음에 듭니다.

③ 형과 동생은 제 선물이 마음에 들었습니다.

④ 저는 형과 동생에게 같은 선물을 주었습니다.

48. (2점)

> 오랜만에 고등학교 졸업 사진을 봤습니다. 사진을 보는 동안 저는 고등학교 때 친했던 친구가 생각났습니다. 오늘 그 친구에게 전화할 겁니다.

① 저는 친구가 보고 싶습니다.

② 저는 친구와 학교에 갈 겁니다.

③ 저는 친구의 전화를 받을 겁니다.

④ 저는 친구와 졸업 사진을 찍으려고 합니다.

> 언니는 혼자 여행을 자주 갑니다. 여행하면서 아름다운 경치를 보면 (㉠   ). 그리고 그것을 가족과 친구들에게 선물합니다. 언니가 그린 곳은 모두 경치가 좋았습니다. 언니는 오늘 저에게 아름다운 바다 그림을 주었습니다. 저는 그곳에 한 번 언니와 함께 가 보고 싶습니다.

49. ㉠에 들어갈 알맞은 말을 고르십시오.

① 편지를 씁니다   ② 엽서를 삽니다

③ 사진을 찍습니다   ④ 그림을 그립니다

50. 이 글의 내용과 같은 것을 고르십시오.

① 언니는 보통 가족과 여행을 갑니다.

② 언니는 이번에 바다로 여행을 갔습니다.

③ 언니는 오늘 친구에게 선물을 받았습니다.

④ 언니는 여행을 가면 가족의 선물을 삽니다.

> 밀가루는 요리에 많이 사용됩니다. 그런데 밀가루는 다양한 곳에 사용할 수 있습니다. 딸기나 포도 같은 과일을 씻을 때 밀가루로 씻으면 좋습니다. (㉠   ) 밀가루를 사용하면 프라이팬에 남은 기름도 쉽게 닦을 수 있습니다. 밀가루는 이렇게 우리 생활에서 다양하게 사용됩니다.

51. ㉠에 들어갈 알맞은 말을 고르십시오. (3점)

① 그리고　　　　　　　　　② 그래서

③ 그러면　　　　　　　　　④ 그러나

52. 무엇에 대한 이야기인지 맞는 것을 고르십시오. (2점)

① 밀가루로 할 수 있는 일

② 밀가루로 과일을 씻는 방법

③ 밀가루로 만들 수 있는 요리

④ 밀가루로 프라이팬을 닦는 순서

여동생은 피부가 약한 편입니다. 마트에서 파는 비누를 쓰면 피부가 안 좋아집니다. 그래서 저는 인터넷을 보고 여동생 피부에 맞는 비누를 (㉠   ). 만드는 방법이 별로 어렵지 않았습니다. 이 비누는 과일이나 쌀 같은 천연 재료로 만들어서 좋습니다. 이 비누를 사용하고 여동생 피부는 좋아졌습니다.

53. ㉠에 들어갈 알맞은 말을 고르십시오. (2점)

① 다시 샀습니다   ② 금방 골랐습니다

③ 오래 기다렸습니다   ④ 직접 만들었습니다

54. 이 글의 내용과 같은 것을 고르십시오. (3점)

① 여동생은 인터넷으로 비누를 삽니다.

② 여동생이 만든 비누는 피부에 좋습니다.

③ 과일을 먹어서 여동생 피부가 좋아졌습니다.

④ 저는 비누를 만드는 것이 어렵지 않았습니다.

> 지난 주말에 가족들과 같이 야구장에 갔습니다. 집에서 텔레비전으로 야구 경기를 본 적은 많았지만 야구장에 간 것은 처음이었습니다. 야구장에는 사람들이 정말 많았습니다. 우리는 경기를 보면서 치킨도 먹고 함께 응원가도 불렀습니다. 야구 경기를 텔레비전으로 보는 것보다 (㉠) 더 재미있었습니다.

55. ㉠에 들어갈 알맞은 말을 고르십시오. (2점)

① 주말에 쉬는 것이 ② 친구 집에 가는 것이

③ 야구장에서 보는 것이 ④ 직접 경기를 하는 것이

56. 이 글의 내용과 같은 것을 고르십시오. (3점)

① 저는 야구장에 처음 가 봤습니다.

② 야구장에는 사람이 별로 없었습니다.

③ 야구장에서는 음식을 먹으면 안 됩니다.

④ 경기가 끝나고 나서 치킨을 먹으러 갔습니다.

57. (3점)

> (가) 내일부터 엘리베이터를 타지 않고 계단으로 걸어갈 겁니다.
>
> (나) 요즘은 조금만 일해도 금방 피곤해집니다.
>
> (다) 건강을 위해서 운동을 하려고 합니다.
>
> (라) 그래서 건강에 관심이 생겼습니다.

① (가) - (나) - (다) - (라)　　　② (나) - (라) - (다) - (가)

③ (가) - (다) - (나) - (라)　　　④ (나) - (다) - (라) - (가)

58. (2점)

> (가) 소금물에 넣었을 때 달걀이 그릇 바닥에 있으면 신선한 것입니다.
>
> (나) 소금물을 담은 그릇에 달걀을 넣어 보면 됩니다.
>
> (다) 달걀의 신선도를 확인할 수 있는 방법이 있습니다.
>
> (라) 그렇지만 달걀이 물 위로 뜨면 오래된 달걀입니다.

① (다) - (나) - (가) - (라)　　　② (나) - (다) - (가) - (라)

③ (다) - (라) - (나) - (가)　　　④ (나) - (다) - (라) - (가)

※　**[59-60] 다음을 읽고 물음에 답하십시오.**

> 밍밍 씨는 다문화교육지원센터에서 운영하는 '한글 공부방'에 다닙니다. 그곳은 다문화 학생들을 위한 교실, 카페 등 다양한 공간을 갖추고 있습니다. (　　㉠　　) '한글 공부방'은 다문화 학생들을 위한 기본적인 한국어 지도를 위한 곳입니다. (　　㉡　　) 밍밍 씨는 이곳에서 6달 동안 한글을 배웠습니다. (　　㉢　　) 밍밍 씨는 내일 공부방 선생님께 감사의 편지를 드리려고 합니다. (　　㉣　　) 그래서 밍밍 씨는 오늘 선생님께 편지를 썼습니다.

59. 다음 문장이 들어갈 곳을 고르십시오. (2점)

> 내일은 '한글 공부방'의 졸업식이 있는 날입니다.

① ㉠　　　　　② ㉡　　　　　③ ㉢　　　　　④ ㉣

60. 이 글의 내용과 같은 것을 고르십시오. (3점)

① 밍밍 씨는 이제 한글을 쓸 줄 압니다.

② 밍밍 씨는 다문화지원센터에서 일합니다.

③ 밍밍 씨는 한글을 가르치는 선생님입니다.

④ 밍밍 씨는 친구에게 감사의 편지를 썼습니다.

요즘 공항에서는 다양한 서비스를 이용할 수 있습니다. 공항 안에는 대기 시간이 긴 여행객들이 편하게 쉴 수 있는 휴식 공간이 있습니다. 그리고 겨울에 더운 나라로 해외여행을 가는 사람들은 외투 보관 서비스를 이용할 수 있습니다. 여행 가방이 고장 났거나 비밀번호가 생각나지 않을 때 가방을 (㉠   ) 빌려주는 서비스도 있습니다. 여권을 안 가져 온 사람들에게는 긴급 여권을 만들어 주기도 합니다.

61. ㉠에 들어갈 알맞은 말을 고르십시오.

① 고쳐 주는   ② 고쳐 보려고

③ 고쳐 주거나   ④ 고친 것 같아서

62. 이 글의 내용과 같은 것을 고르십시오.

① 공항에서 여권을 만들 수 없습니다.

② 공항에서 여행 가방을 빌려주기도 합니다.

③ 공항에서 이용할 수 있는 서비스는 별로 없습니다.

④ 공항에는 입고 간 외투를 바꿔 주는 서비스가 있습니다.

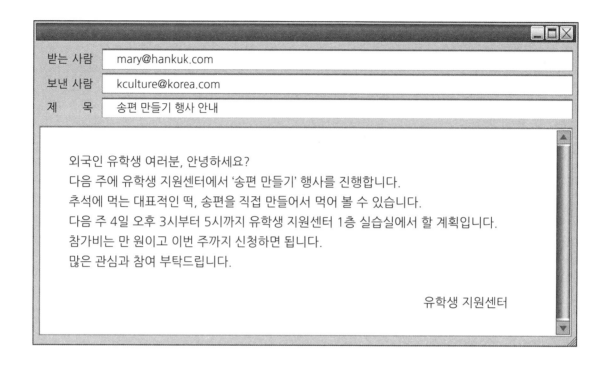

63. 왜 이 글을 썼는지 맞는 것을 고르십시오. (2점)

① '송편 만들기' 행사에 참여하려고

② '송편 만들기' 행사 소식을 알리려고

③ '송편 만들기' 행사에 필요한 준비물을 사려고

④ '송편 만들기' 행사를 도와줄 학생을 찾으려고

64. 이 글의 내용과 같은 것을 고르십시오. (3점)

① 행사에 참여하려면 참가비를 내야 합니다.

② '송편 만들기' 행사는 세 시간 동안 합니다.

③ 이번 주에 '송편 만들기' 행사가 있습니다.

④ 행사는 유학생 지원센터 이 층에서 진행할 예정입니다.

> 우리 동네 시장은 오래된 전통시장입니다. 요즘 사람들은 오래된 시장을 별로 좋아하지 않아서 사람이 적어졌습니다. 사람들의 관심을 끌기 위해서 시장에서는 문화 행사를 진행하고 배달 서비스도 제공했습니다. 가게 주인들은 시장에 그림을 전시하고 간판도 예쁘게 꾸며서 걸었습니다. 또 이 시장에서만 먹을 수 있는 다양한 음식을 팔기 시작했습니다. 시장이 바뀐 후부터 사람들이 다시 (㉠   ).

65. ㉠에 들어갈 알맞은 말을 고르십시오. (2점)

① 간판을 걸고 있습니다.　　　② 먹거리를 팔고 있습니다.

③ 이곳을 찾아오고 있습니다.　④ 그림을 전시하고 있습니다.

66. 이 글의 내용과 같은 것을 고르십시오. (3점)

① 우리 동네 시장은 새로 생긴 시장입니다.

② 많은 사람들이 오래된 시장을 좋아합니다.

③ 시장에 오는 사람들은 그림을 전시했습니다.

④ 우리 동네 시장에서만 먹을 수 있는 음식이 있습니다.

> 돌잔치는 아이가 태어나서 처음 맞는 생일을 축하하는 한국의 전통 문화입니다. 돌잔치 때 아이가 물건을 잡는 돌잡이를 합니다. 돌잡이로 잡은 물건에 따라 의미도 다릅니다. 실은 길이가 길기 때문에 오래 사는 것을, 연필은 선생님, 돈은 부자를 의미합니다. 요즘에는 마이크를 두기도 하며 마이크를 잡으면 연예인이 될 것이라고 생각합니다. 아이 앞에 놓는 물건들의 (㉠   ) 모두 아이가 건강하고 행복하게 살기를 바라는 마음으로 준비합니다.

67. ㉠에 들어갈 알맞은 말을 고르십시오.

① 의미는 다르지만   ② 크기는 다양하지만

③ 가격은 비슷하지만   ④ 색깔은 특별하지만

68. 이 글의 내용과 같은 것을 고르십시오.

① 아이가 물건을 많이 잡으면 더 좋습니다.

② 돌잡이는 아이의 첫 번째 생일에 합니다.

③ 실은 길이가 길기 때문에 부자를 의미합니다.

④ 마이크를 잡으면 오래 살 것이라고 생각합니다.

남편 회사 때문에 우리 가족은 베트남 호치민에 삽니다. 여기는 언제나 여름입니다. 저는 한국의 (㉠   ). 특히 단풍을 볼 수 있는 가을과 눈이 내리는 겨울이 그립습니다. 그런데 오늘 한국에 계시는 어머니에게서 소포가 왔습니다. 소포를 열어 보니 어머니가 직접 그리신 동네의 사계절 풍경 그림이 있었습니다. 저는 한국의 사계절을 보내 주신 어머니가 고마웠습니다.

69. ㉠에 들어갈 알맞은 말을 고르십시오.

① 생활을 유지합니다.   ② 사계절을 생각합니다.

③ 친구들과 연락합니다.   ④ 가족을 걱정했습니다.

70. 이 글의 내용으로 알 수 있는 것을 고르십시오.

① 베트남에는 사계절이 있습니다.

② 베트남에서 가을에 단풍을 볼 수 있습니다.

③ 저는 베트남에서 어머니와 함께 살고 있습니다.

④ 저는 소포를 받고 어머니의 사랑을 느꼈습니다.

제2회 한국어능력시험
실전 모의고사

TOPIK I

듣기, 읽기
(Listening, Reading)

수험번호(Registration No.)		
이 름 (Name)	한국어(Korean)	
	영 어(English)	

유 의 사 항
Information

1. 시험 시작 지시가 있을 때까지 문제를 풀지 마십시오.

   Do not open the booklet until you are allowed to start.

2. 수험번호와 이름을 정확하게 적어 주십시오.

   Write your name and registration number on the answer sheet.

3. 답안지를 구기거나 훼손하지 마십시오.

   Do not fold the answer sheet; keep it clean.

4. 답안지의 이름, 수험번호 및 정답의 기입은 배부된 펜을 사용하여 주십시오.

   Use the given pen only.

5. 정답은 답안지에 정확하게 표시하여 주십시오.

   Mark your answer accurately and clearly on the answer sheet.

   Marking example   ① ● ③ ④

6. 문제를 읽을 때는 소리가 나지 않도록 하십시오.

   Keep quiet while answering the questions.

7. 질문이 있을 때에는 손을 들고 감독관이 올 때까지 기다려 주십시오.

   When you have any questions, please raise your hand.

TOPIK I 듣기 (1번~30번)

※   [1~4] 다음을 듣고 〈보기〉와 같이 물음에 맞는 대답을 고르십시오.

〈보 기〉

가: 가방이 있어요?

나: _____

① 네, 가방이에요.   ❷ 네, 가방이 있어요.

③ 아니요, 가방이 커요.   ④ 아니요, 가방이 아니에요.

---

1.   (4점)

① 네, 책이 있어요.   ② 네, 책이 작아요.

③ 아니요, 책이 적어요.   ④ 아니요, 책이 많아요.

2.   (4점)

① 네, 공부를 잘해요.   ② 네, 공부를 좋아해요.

③ 아니요, 공부를 못해요.   ④ 아니요, 공부를 안 해요.

3.   (3점)

① 신발이 예뻐요.   ② 네, 신발을 신어요.

③ 네, 신발이 작아요.   ④ 아니요, 돈이 없어요.

4.   (3점)

① 1월 25일이에요.   ② 고향에 갈 거예요.

③ 오늘 학교에 갔어요.   ④ 내일부터 태권도를 배워요.

※ [5-6] 다음을 듣고 〈보기〉와 같이 이어지는 말을 고르십시오.

┌─────────────────────〈보 기〉─────────────────────┐
│   │
│ 가: 안녕히 계세요.   │
│ 나: _____   │
│   │
│   ① 안녕하세요.   ② 어서 오세요.   │
│   ❸ 안녕히 가세요.   ④ 안녕히 주무세요.   │
│   │
└──┘

5. (4점)

① 반갑습니다.   ② 실례합니다.

③ 잘 먹겠습니다.   ④ 여기 있습니다.

6. (3점)

① 네, 전데요.   ② 네, 아파요.

③ 네, 괜찮아요.   ④ 네, 죄송합니다.

※ [7-10] 여기는 어디입니까? 〈보기〉와 같이 알맞은 것을 고르십시오.

┌─────────────────────〈보 기〉─────────────────────┐
│   │
│ 가: 어디가 아프세요?   │
│ 나: 머리가 아파요.   │
│   │
│   ① 학교   ❷ 병원   ③ 호텔   ④ 공항 │
│   │
└──┘

7. (3점)

① 시장   ② 약국   ③ 은행   ④ 우체국

8. (3점)

① 식당   ② 옷 가게   ③ 커피숍   ④ 슈퍼마켓

9. (3점)

① 버스   ② 택시   ③ 지하철   ④ 비행기

10. (4점)

① 백화점   ② 사진관   ③ 세탁소   ④ 미술관

※ **[11-14]** 다음은 무엇에 대해 말하고 있습니까? 〈보기〉와 같이 알맞은 것을 고르십시오.

〈보 기〉

가: 누구예요?

나: 이 사람은 동생이에요.

① 고향   ② 이름   ❸ 가족   ④ 나이

---

11. (3점)

① 공항   ② 날짜   ③ 시간   ④ 주소

12. (3점)

① 약속   ② 직업   ③ 취미   ④ 수영장

13. (4점)

① 계절   ② 나라   ③ 날씨   ④ 여행

14. (3점)

① 교통   ② 위치   ③ 지도   ④ 편지

15. ①  ②

③  ④

16. ①  ②

③  ④

※ **[17-21] 다음을 듣고 〈보기〉와 같이 대화 내용과 같은 것을 고르십시오. (각 3점)**

---〈보기〉---

남자: 요즘 한국어를 배워요?

여자: 네, 한국 친구한테서 한국어를 배워요.

① 남자는 선생님입니다.　　　　② 여자는 학교에 다닙니다.

❸ 여자는 한국어를 공부합니다.　　④ 남자는 한국어를 가르칩니다.

---

17. ① 남자는 한국말을 모릅니다.

② 남자는 경복궁에 가려고 합니다.

③ 여자는 여기에 온 적이 있습니다.

④ 여자는 경복궁에 가는 길을 잘 압니다.

18. ① 남자는 책을 샀습니다.

② 남자는 서점에서 일하고 있습니다.

③ 반려동물은 서점에 들어갈 수 없습니다.

④ 두 사람은 같이 한국어 책을 사고 싶습니다.

19. ① 남자는 학생입니다.

② 여자는 몸이 좋지 않습니다.

③ 남자는 병원에 가고 싶어 합니다.

④ 오늘 남자와 여자가 같이 병원에 갈 겁니다.

20. ① 남자는 우표를 샀습니다.

② 여자는 우표를 많이 모았습니다.

③ 남자가 여자에게 우표를 줬습니다.

④ 여자는 우표를 사려고 베트남에 갔습니다.

21. ① 남자는 한국 요리를 좋아합니다.

② 남자는 한국 요리를 만들 줄 모릅니다.

③ 여자는 오늘 사무실로 신청하러 갈 겁니다.

④ 여자는 남자에게 한국 요리를 만들어 주고 싶어 합니다.

※ **[22-24] 다음을 듣고 여자의 중심 생각을 고르십시오. (각 3점)**

22. ① 집과 학교는 먼 게 좋습니다.

② 지금 사는 집이 마음에 듭니다.

③ 등산을 좋아해서 자주 산에 갑니다.

④ 집에서 학교까지 걸어서 다녀야 합니다.

23. ① 새로 생긴 식당에 가고 싶습니다.

② 회사 근처에 식당이 생겨서 좋습니다.

③ 식당 앞에서 기다리는 것을 싫어합니다.

④ 남자하고 같이 점심을 먹고 싶어 합니다.

24. ① 일요일에는 푹 쉬어야 합니다.

② 청소는 일요일에만 하는 게 좋습니다.

③ 너무 바쁘면 운동을 하지 않아도 됩니다.

④ 일요일에도 운동을 좀 하는 게 좋습니다.

25. 여자가 왜 이 이야기를 하고 있는지 고르십시오. (3점)

    ① 버스의 이름을 알려 주려고

    ② 버스 이용 방법을 안내하려고

    ③ 관광지의 위치를 알려 주려고

    ④ 관광지에서 하는 축제를 알려 주려고

26. 들은 내용과 같은 것을 고르십시오. (4점)

    ① 버스는 20분마다 탈 수 있습니다.

    ② 화성행궁에는 구경할 것이 없습니다.

    ③ 버스를 다시 탈 때는 표를 사야합니다.

    ④ 사람들은 돈을 내지 않고 축제에 참여할 수 있습니다.

27. 두 사람이 무엇에 대해 이야기를 하고 있는지 맞는 것을 고르십시오. (3점)

    ① 오늘의 환율

    ② 은행 이용 시간

    ③ 은행에 가는 방법

    ④ 환전을 하는 방법

28. 들은 내용과 같은 것을 고르십시오. (4점)

    ① 환율이 지난주보다 올랐습니다.

    ② 환전을 하려면 신분증이 필요합니다.

    ③ 남자는 돈을 찾으러 은행에 갔습니다.

    ④ 남자는 은행 직원과 통화하고 있습니다.

29. 남자가 여기에 온 이유를 고르십시오. (3점)

　　① 아기와 함께 시간을 보내려고

　　② 아기에게 줄 침대를 만들려고

　　③ 아기에게 필요한 가구를 사려고

　　④ 아기가 좋아하는 선물을 사려고

30. 들은 내용과 같은 것을 고르십시오. (4점)

　　① 남자는 가구 가게에서 침대를 살 겁니다.

　　② 남자는 가구를 만들어 본 적이 없습니다.

　　③ 남자는 가구 구경하는 것을 아주 좋아합니다.

　　④ 남자는 예쁜 모양의 침대를 만들고 싶어 합니다.

TOPIK I 읽기 (31번~70번)

※ [31-33] 무엇에 대한 이야기입니까? 〈보기〉와 같이 알맞은 것을 고르십시오. (각 2점)

---〈보 기〉---

바람이 붑니다. 시원합니다.

① 날짜   ② 겨울   ③ 시간   ❹ 날씨

31.

마크 씨는 학생을 가르칩니다. 영어 선생님입니다.

① 직업   ② 나이   ③ 가족   ④ 이름

32.

아버지는 프랑스 사람입니다. 어머니는 한국 사람입니다.

① 위치   ② 생일   ③ 나라   ④ 직업

33.

저는 눈이 큽니다. 코는 낮습니다.

① 취미   ② 얼굴   ③ 가족   ④ 장소

─── 〈보 기〉 ───

물이 없습니다. 그래서 주스를 ( )

① 합니다   ② 좋습니다   ❸ 마십니다   ④ 모릅니다

34. (2점)

머리가 ( ). 그래서 약국에 갑니다.

① 깁니다   ② 짧습니다   ③ 좋습니다   ④ 아픕니다

35. (2점)

( )을 안 가지고 왔습니다. 지금 계산할 돈이 없습니다.

① 지갑   ② 안경   ③ 우산   ④ 사전

36. (2점)

이 옷이 마음에 ( ). 입어 볼 수 있나요?

① 납니다   ② 듭니다   ③ 옵니다   ④ 삽니다

37. (3점)

수업이 끝나고 약속이 있습니다. 그래서 친구를 ( ).

① 도와줍니다   ② 구경합니다   ③ 기다립니다   ④ 좋아합니다

38. (3점)

> 우리는 (   ) 만났습니다. 인사를 했습니다.

① 처음   ② 아마   ③ 아직   ④ 별로

39. (2점)

> 공원에 사람이 없습니다. 그래서 (   ).

① 큽니다   ② 만납니다   ③ 조용합니다   ④ 가깝습니다

※　**[40~42] 다음을 읽고 맞지 <u>않는</u> 것을 고르십시오. (각 3점)**

40.

① 소파는 50% 할인합니다.

② 일주일 동안 할인합니다

③ 서울가구는 대형 매장입니다.

④ 서울가구에서 할인 행사를 합니다.

41.

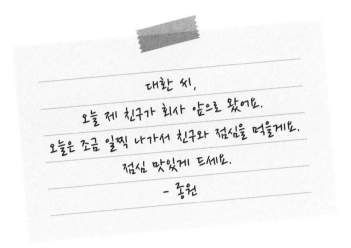

대환 씨,

오늘 제 친구가 회사 앞으로 왔어요.

오늘은 조금 일찍 나가서 친구와 점심을 먹을게요.

점심 맛있게 드세요.

- 종원

① 친구는 지금 회사 앞에 있습니다.

② 대환 씨가 종원 씨에게 메시지를 남깁니다.

③ 종원 씨는 조금 일찍 나가서 점심을 먹을 겁니다.

④ 대환 씨와 종원 씨는 오늘 점심을 같이 못 먹습니다.

42.

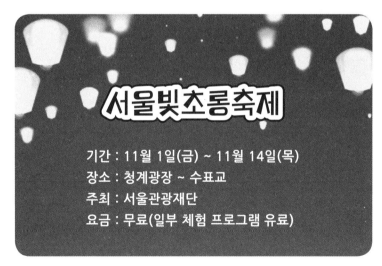

서울빛초롱축제

기간 : 11월 1일(금) ~ 11월 14일(목)
장소 : 청계광장 ~ 수표교
주최 : 서울관광재단
요금 : 무료(일부 체험 프로그램 유료)

① 축제는 이주일 동안 진행합니다.

② 축제는 한 곳에서만 진행합니다.

③ 축제의 일부 프로그램은 유료입니다.

④ 축제는 서울관광재단에서 주최합니다.

※ **[43-45] 다음의 내용과 같은 것을 고르십시오.**

43. (3점)

> 10월에는 한우 축제가 있습니다. 소고기의 모든 부위를 싼 값에 먹을 수 있어서 축제에 사람들이 많이 찾아옵니다. 소고기 중에서 등심이 가장 인기 있습니다.

① 축제는 구월에 합니다.

② 축제에 사람들이 별로 없습니다.

③ 축제에서 소고기를 먹지 못합니다.

④ 사람들이 등심을 가장 좋아합니다.

44. (2점)

> 저는 방학 때 기차를 타고 부산에 갔습니다. 그곳에서 배를 타고 아름다운 바다를 봤습니다. 내년에는 가족과 부산에 가고 싶습니다.

① 저는 배를 타고 부산에 갔습니다.

② 저는 부산에 가서 바다를 봤습니다.

③ 저는 가족과 함께 부산에 갔습니다.

④ 저는 내년에 친구와 부산에 가려고 합니다.

45. (3점)

> 어제 영화를 봤습니다. 저는 그 영화가 감동적이어서 친구에게 추천했습니다. 제 친구는 내일 남자친구와 영화를 보러 갈 겁니다.

① 저는 감동적인 영화를 봤습니다.

② 저는 남자친구와 영화를 봤습니다.

③ 저는 친구에게 영화표를 주었습니다.

④ 친구는 저에게 영화를 추천했습니다.

46. (3점)

> 저는 독일어와 한국어를 잘할 수 있습니다. 지금은 영어를 배우고 있습니다. 영어를 배운 후에는 일본어를 공부할 겁니다.

① 저는 영어를 공부합니다.

② 저는 한국말을 잘 못합니다.

③ 저는 지금 독일에 있습니다.

④ 저는 다른 언어를 배우고 싶습니다.

47. (3점)

> 일에 흥미가 없으면 그 일을 오래 하기 힘듭니다. 그래서 저는 흥미 있는 일을 찾고 있습니다. 쉽지 않겠지만 적성에 맞고 즐겁게 할 수 있는 일을 찾을 겁니다.

① 저는 일을 많이 할 겁니다.

② 저는 지금 일을 시작할 겁니다.

③ 저는 쉬운 일을 찾고 싶습니다.

④ 저는 흥미 있는 일을 하고 싶습니다.

48. (2점)

> 저는 어제 고등학교 때 친구를 만났습니다. 친구를 졸업하고 일 년 동안 못 만나서 보고 싶었습니다. 우리는 오랫동안 즐겁게 이야기를 나누었습니다.

① 저는 친구를 많이 사귀고 싶습니다.

② 저는 어제 친구를 잠깐 만났습니다.

③ 저는 고등학교 때 친구가 많았습니다.

④ 저는 오랜만에 친구를 만나서 좋았습니다.

> 저는 작년 해외여행 때 비행기를 처음 탔습니다. 그런데 비행기 안에서 머리가 (㉠). 머리가 계속 아파서 여행이 즐겁지 않았습니다. 그래서 이번에 영국으로 갈 때는 약을 먹고 비행기를 탔습니다. 이번에는 머리가 아프지 않아서 여행이 즐거웠습니다.

49. ㉠에 들어갈 알맞은 말을 고르십시오.

① 아플 수 있습니다　　　　　② 아프면 안 됩니다

③ 아프지 않았습니다　　　　　④ 아프기 시작했습니다

50. 이 글의 내용과 같은 것을 고르십시오.

① 저는 영국 여행이 즐거웠습니다.

② 저는 영국 여행 때 비행기를 처음 탔습니다.

③ 저는 작년에 비행기 안에서 약을 먹었습니다.

④ 저는 영국으로 가는 비행기 안에서 머리가 아팠습니다.

> 　전자 기기를 많이 보는 정보화 시대에 눈 건강은 매우 중요합니다. 눈은 한번 나빠지면 다시 좋아지기 힘들기 때문에 눈이 나빠지기 전에 눈 건강을 지켜야 합니다. 눈에 좋은 음식을 (　㉠　) 눈 마사지를 하면 눈 건강에 도움이 됩니다. 가끔 눈이 피곤할 때는 눈을 감고 쉬는 것도 좋습니다.

51. ㉠에 들어갈 알맞은 말을 고르십시오. (3점)

① 먹거나　　　　　　　　　② 먹지만

③ 먹으면　　　　　　　　　④ 먹는데

52. 무엇에 대한 이야기인지 맞는 것을 고르십시오. (2점)

① 눈에 좋은 음식　　　　　② 눈이 나빠지는 이유

③ 눈 건강을 지키는 방법　　④ 눈 마사지를 하는 시간

[53~54] 다음을 읽고 물음에 답하십시오.

우리 집 강아지 이름은 초코입니다. 털 색깔이 진한 갈색이어서 '초코'라는 이름을 지어 주었습니다. 초코는 한 달 전에 동네 골목길에서 우연히 만났습니다. 그때 초코는 배가 고픈 것 같았고 추워서 떨고 있었습니다. 저는 초코를 집으로 데려와서 밥을 주고 따뜻하게 해 주었습니다. 처음에 초코는 저를 무서워하면서 가까이 오지 않았습니다. 하지만 이제는 (㉠   ).

---

53. ㉠에 들어갈 알맞은 말을 고르십시오. (2점)

① 밥을 잘 먹습니다   ② 저를 잘 따릅니다

③ 이름이 생겼습니다   ④ 집으로 돌아갔습니다

54. 이 글의 내용과 같은 것을 고르십시오. (3점)

① 저는 한 달 전에 강아지를 샀습니다.

② 저는 혼자 있는 강아지를 집으로 데려왔습니다.

③ 저는 동네 골목길에서 강아지를 잃어버렸습니다.

④ 저는 처음 만났을 때부터 강아지와 친하게 지냈습니다.

> 저는 좋은 커피를 만드는 바리스타가 되고 싶습니다. 그래서 아침에는 학원에서 교육을 받고 저녁에는 카페에서 아르바이트를 합니다. 카페에서 일을 하면 다양한 커피를 직접 만들어 볼 수 있고 사람들의 취향도 알 수 있습니다. 제가 일하는 카페는 (㉠) 곳이라서 손님이 많습니다. 제가 만든 커피를 맛있게 드시는 손님을 보면 행복합니다.

55. ㉠에 들어갈 알맞은 말을 고르십시오. (2점)

① 한가한   ② 유명한

③ 간단한   ④ 안전한

56. 이 글의 내용과 같은 것을 고르십시오. (3점)

① 저는 학원에 다니지 않습니다.

② 아르바이트가 저에게 도움이 됩니다.

③ 저는 아침에 카페에서 아르바이트를 합니다.

④ 저는 아직 커피를 만들어 본 적이 없습니다.

57. (3점)

> (가) 우선 '따릉이'를 이용하려면 '따릉이'의 위치부터 알아야 합니다.
>
> (나) '따릉이'는 서울시에서 빌려주는 자전거로 서울 여기저기에 있습니다.
>
> (다) '따릉이'의 위치는 모바일 앱을 통해서 확인할 수 있습니다.
>
> (라) 이렇게 '따릉이'는 앱만 다운로드하면 쉽게 이용할 수 있습니다.

① (나) - (가) - (다) - (라)　　　　② (나) - (라) - (가) - (다)

③ (다) - (라) - (가) - (나)　　　　④ (다) - (나) - (가) - (라)

58. (2점)

> (가) 하지만 지금은 자동차도 많이 팔고, 사람을 만나는 일이 재미있습니다.
>
> (나) 저는 작년부터 자동차를 파는 일을 하고 있습니다.
>
> (다) 손님을 만나는 일이 불편하고 어려웠기 때문입니다.
>
> (라) 처음 자동차를 파는 일을 시작했을 때는 힘들었습니다.

① (라) - (나) - (다) - (가)　　　　② (라) - (다) - (가) - (나)

③ (나) - (라) - (다) - (가)　　　　④ (나) - (가) - (라) - (다)

걷기는 일상생활에서 누구나 쉽게 할 수 있는 운동입니다. (㉠) 걷는 것만으로도 건강을 지킬 수 있습니다. (㉡) 걸을 때 다리만 움직이는 것이 아니고 온몸이 움직이게 되기 때문입니다. (㉢) 그런데 걷기 운동을 할 때에는 천천히 걷기 시작해서 점점 빨리 걷는 것이 좋습니다. (㉣) 이렇게 하면 운동을 잘한 것입니다.

59. 다음 문장이 들어갈 곳을 고르십시오. (2점)

어린 아이부터 노인까지 모두 쉽게 할 수 있습니다.

① ㉠   ② ㉡   ③ ㉢   ④ ㉣

60. 이 글의 내용과 같은 것을 고르십시오. (3점)

① 걸을 때 온몸이 움직이게 됩니다.

② 걷기 운동은 천천히 오래 걷는 것이 좋습니다.

③ 걷기보다 뛰는 것이 건강에 더 도움이 됩니다.

④ 걸을 때 다리만 움직이는 것이 운동이 더 잘 됩니다.

> 저는 어제 텔레비전 야구 경기를 보고 있었습니다. 그런데 갑자기 형 얼굴이 나와 깜짝 놀랐습니다. 형은 노래를 부르면서 응원하고 있었습니다. 가족의 얼굴을 텔레비전에서 본 것은 처음이었습니다. 매일 집에서 보는 형의 얼굴을 텔레비전에서 보니까 (㉠   ) 신기한 기분이었습니다.

61. ㉠에 들어갈 알맞은 말을 고르십시오.

① 편하고   ② 반갑고

③ 비슷하고   ④ 불편하고

62. 이 글의 내용과 같은 것을 고르십시오.

① 형은 야구를 보러 야구장에 갔습니다.

② 저는 노래를 부르면서 형을 응원했습니다.

③ 자주 텔레비전에서 형의 얼굴을 봤습니다.

④ 저는 야구장에서 형을 만나고 깜짝 놀랐습니다.

※ **[63-64] 다음을 읽고 물음에 답하십시오.**

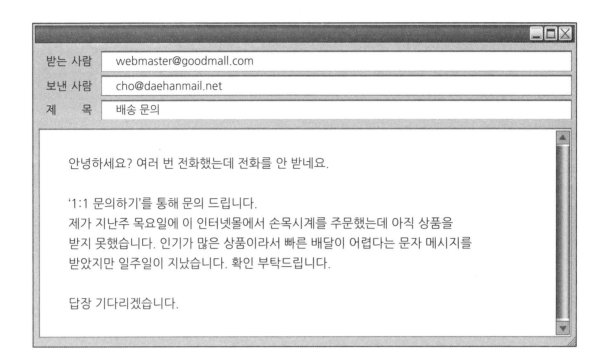

받는 사람　webmaster@goodmall.com
보낸 사람　cho@daehanmail.net
제　　목　배송 문의

안녕하세요? 여러 번 전화했는데 전화를 안 받네요.

'1:1 문의하기'를 통해 문의 드립니다.
제가 지난주 목요일에 이 인터넷몰에서 손목시계를 주문했는데 아직 상품을
받지 못했습니다. 인기가 많은 상품이라서 빠른 배달이 어렵다는 문자 메시지를
받았지만 일주일이 지났습니다. 확인 부탁드립니다.

답장 기다리겠습니다.

63. 왜 이 글을 썼는지 맞는 것을 고르십시오. (2점)

① 상품을 더 주문하고 싶어서

② 주문하는 방법을 물어보려고

③ 인기가 많은 상품으로 바꾸고 싶어서

④ 주문한 상품의 배달 상태를 확인하려고

64. 이 글의 내용과 같은 것을 고르십시오. (3점)

① 인터넷으로 손목시계를 샀습니다.

② 지난주에 손목시계를 받았습니다.

③ 인터넷몰에 여러 번 이메일을 보냈습니다.

④ 빨리 배달해 준다는 문자 메시지를 받았습니다.

> 　　설탕은 요리의 단맛을 낼 때 사용합니다. 그런데 설탕은 음식을 할 때만 쓰는 것은 아닙니다. 설탕은 하얀색 옷을 (　　㉠　　) 사용할 수도 있습니다. 설탕을 넣으면 옷이 더 하얗게 되고 설탕과 레몬 가루를 같이 넣으면 옷이 부드러워집니다. 꽃병에 물과 함께 설탕을 넣으면 꽃이 더 오래 삽니다. 그리고 설탕과 함께 섞은 물은 반찬 그릇의 냄새를 없애는 데 효과적입니다.

65. ㉠에 들어갈 알맞은 말을 고르십시오. (2점)

① 빨고　　　　　　　　　　② 빨면

③ 빨 때　　　　　　　　　　④ 빨기

66. 이 글의 내용과 같은 것을 고르십시오. (3점)

① 설탕은 음식을 할 때만 사용합니다.

② 꽃병에 설탕을 넣으면 꽃을 오래 볼 수 있습니다.

③ 하얀색 옷을 빨 때 설탕을 넣으면 좋지 않습니다.

④ 빨래할 때 설탕을 레몬 가루와 함께 쓰면 안 됩니다.

다음 주에 친한 친구의 결혼식이 있습니다. 친구는 제주도에서 작은 결혼식을 하는데 저는 주말에도 회사 일이 있어서 못 갑니다. 그래서 휴대 전화로 축하 영상을 찍어서 친구에게 (㉠   ). 저는 어릴 때 친구와 함께 살았던 동네를 찍을 겁니다. 그리고 저는 고등학교 친구들을 만나서 함께 축하 인사를 하는 것도 찍을 겁니다. 친구가 그 영상을 보고 감동을 받으면 좋겠습니다.

67. ㉠에 들어갈 알맞은 말을 고르십시오.

① 보내러 갑니다   ② 보내려고 합니다

③ 보낼 수 없습니다   ④ 보낸 적이 있습니다

68. 이 글의 내용과 같은 것을 고르십시오.

① 친구는 주말에도 회사에 나갑니다.

② 저는 친한 친구의 결혼을 축하해 주고 싶습니다.

③ 저는 고등학교 동창들과 친구의 결혼식에 갈 겁니다.

④ 친구는 어릴 때 살았던 동네에서 결혼식을 하려고 합니다.

사람들은 결혼할 때 보통 많은 사람들을 초대합니다. 그런데 요즘에는 가족과 가까운 친구들만 (㉠) '작은 결혼식(스몰 웨딩)'을 하는 사람이 많아졌습니다. '작은 결혼식'은 필요하지 않은 결혼식 준비를 줄이고 낮은 가격과 적은 손님으로 진행하는 작은 크기의 결혼식을 의미합니다. 이런 결혼식을 하는 사람들은 가까운 사람들과 함께 기쁨을 나누려고 합니다,

69. ㉠에 들어갈 알맞은 말을 고르십시오.

① 초대해서   ② 초대해도

③ 초대하거나   ④ 초대하려면

70. 이 글의 내용으로 알 수 있는 것을 고르십시오.

① 작은 결혼식은 손님이 많습니다.

② 작은 결혼식은 돈이 많이 듭니다.

③ 작은 결혼식은 많은 준비를 해야 합니다.

④ 작은 결혼식을 하는 사람이 많아졌습니다.

제3회 한국어능력시험 실전 모의고사

TOPIK I

듣기, 읽기
(Listening, Reading)

수험번호(Registration No.)		
이 름 (Name)	한국어(Korean)	
	영 어(English)	

유 의 사 항
Information

1. 시험 시작 지시가 있을 때까지 문제를 풀지 마십시오.

   Do not open the booklet until you are allowed to start.

2. 수험번호와 이름을 정확하게 적어 주십시오.

   Write your name and registration number on the answer sheet.

3. 답안지를 구기거나 훼손하지 마십시오.

   Do not fold the answer sheet; keep it clean.

4. 답안지의 이름, 수험번호 및 정답의 기입은 배부된 펜을 사용하여 주십시오.

   Use the given pen only.

5. 정답은 답안지에 정확하게 표시하여 주십시오.

   Mark your answer accurately and clearly on the answer sheet.

   Marking example   ① ● ③ ④

6. 문제를 읽을 때는 소리가 나지 않도록 하십시오.

   Keep quiet while answering the questions.

7. 질문이 있을 때에는 손을 들고 감독관이 올 때까지 기다려 주십시오.

   When you have any questions, please raise your hand.

TOPIK I 듣기 (1번~30번)

※ [1~4] 다음을 듣고 〈보기〉와 같이 물음에 맞는 대답을 고르십시오.

---〈보 기〉---

가: 가방이 있어요?

나: _____

① 네, 가방이에요.　　　　　　❷ 네, 가방이 있어요.

③ 아니요, 가방이 커요.　　　　④ 아니요, 가방이 아니에요.

---

1. (4점)

① 네, 영화예요.　　　　　　　② 네, 영화를 봐요.

③ 아니요, 영화가 많아요.　　④ 아니요, 영화를 좋아해요.

2. (4점)

① 네, 수박이 없어요.　　　　② 네, 수박이 맛있어요.

③ 아니요, 수박이 비싸요.　　④ 아니요, 수박이 좋아요.

3. (3점)

① 산책해요.　　　　　　② 자주 해요.

③ 내일 만나요.　　　　④ 정말 좋아해요.

4. (3점)

① 친구와 먹었어요.　　　② 불고기를 먹었어요.

③ 식당에서 먹었어요.　　④ 오늘 점심에 먹었어요.

※ [5-6] 다음을 듣고 〈보기〉와 같이 이어지는 말을 고르십시오.

┌─────────────────────── 〈보 기〉 ───────────────────────┐
│   │
│   가: 안녕히 계세요.   │
│   나: _____   │
│   │
│   ① 안녕하세요.   ② 어서 오세요.   │
│   ❸ 안녕히 가세요.   ④ 안녕히 주무세요.   │
│   │
└──┘

5. (4점)
   ① 오랜만입니다.   ② 잘 먹겠습니다.
   ③ 잘 지냈습니다.   ④ 만나서 반갑습니다.

6. (3점)
   ① 주스를 좋아해요.   ② 주스를 마셨어요.
   ③ 지금 주스가 없어요.   ④ 주스 다섯 잔 주세요.

※ [7-10] 여기는 어디입니까? 〈보기〉와 같이 알맞은 것을 고르십시오.

┌─────────────────────── 〈보 기〉 ───────────────────────┐
│   │
│   가: 어디가 아프세요?   │
│   나: 머리가 아파요.   │
│   │
│   ① 학교   ❷ 병원   ③ 호텔   ④ 공항 │
│   │
└──┘

7. (3점)
   ① 가게   ② 은행   ③ 약국   ④ 회사

8. (3점)
   ① 공원   ② 서점   ③ 미용실   ④ 여행사

9. (3점)

    ① 교실   ② 시장   ③ 도서관   ④ 박물관

10. (4점)

    ① 역   ② 빵집   ③ 운동장   ④ 정류장

※ **[11-14]** 다음은 무엇에 대해 말하고 있습니까? 〈보기〉와 같이 알맞은 것을 고르십시오.

〈보 기〉

가: 누구예요?

나: 이 사람은 동생이에요.

    ① 고향   ② 이름   ❸ 가족   ④ 나이

11. (3점)

    ① 값   ② 맛   ③ 일   ④ 집

12. (3점)

    ① 날짜   ② 운동   ③ 취미   ④ 여행

13. (4점)

    ① 계절   ② 날짜   ③ 약속   ④ 휴일

14. (3점)

    ① 기분   ② 계절   ③ 날씨   ④ 시간

15. ①  ②

③  ④

16. ①  ②

③  ④

※　[17-21] 다음을 듣고 〈보기〉와 같이 대화 내용과 같은 것을 고르십시오. (각 3점)

─── 〈보 기〉 ───

남자: 요즘 한국어를 배워요?

여자: 네, 한국 친구한테서 한국어를 배워요.

① 남자는 선생님입니다.　　　　② 여자는 학교에 다닙니다.

❸ 여자는 한국어를 공부합니다.　④ 남자는 한국어를 가르칩니다.

17.　① 남자는 수영 선수입니다.

　　② 남자는 수영을 잘합니다.

　　③ 여자는 수영을 가르치고 싶습니다.

　　④ 여자는 수영을 배운 지 5년 정도 됐습니다.

18.　① 남자는 백화점에서 선물을 삽니다.

　　② 남자는 일주일 동안 고향에 갑니다.

　　③ 여자는 제주도에서 친구를 만나려고 합니다.

　　④ 여자는 방학에 친구하고 여행을 가려고 합니다.

19.　① 지금은 가을이라서 산이 아름답습니다.

　　② 남자는 혼자 호텔에서 묵으려고 합니다.

　　③ 남자가 예약한 방에서 바다가 보입니다.

　　④ 여자는 남자와 함께 등산을 가려고 합니다.

20.　① 남자는 오늘 회의가 있습니다.

　　② 여자의 회사 근처에 이탈리아 식당이 있습니다.

　　③ 여자가 다음에 남자에게 저녁을 사기로 했습니다.

　　④ 남자가 약속을 취소하려고 여자에게 전화했습니다.

21. ① 남자는 도서관에서 일합니다.

② 책을 빌리려면 돈과 학생증이 필요합니다.

③ 여자는 책을 늦게 돌려줘서 돈을 내야 합니다.

④ 정해진 날짜에 책을 돌려주지 않으면 책을 빌릴 수 없습니다.

※ **[22-24] 다음을 듣고 여자의 중심 생각을 고르십시오. (각 3점)**

22. ① 피곤하면 일하는 게 좋습니다.

② 피곤할 때 단 음식을 먹으면 좋습니다.

③ 건강을 위해서 초콜릿을 먹으면 안 됩니다.

④ 어제 늦게까지 일을 해서 초콜릿을 샀습니다.

23. ① 새 복사기를 사고 싶습니다.

② 이 사무실은 복사기는 좋습니다.

③ 회의 시간에 복사기를 바꿀 겁니다.

④ 복사기를 빌려서 사용하고 싶습니다.

24. ① 강 옆에 공원을 만들어야 합니다.

② 운동은 아침에 하는 것이 좋습니다.

③ 자전거를 타는 것은 좋은 운동입니다.

④ 집 근처에 공원이 생기면 좋겠습니다.

※　**[25-26] 다음을 듣고 물음에 답하십시오.**

25.　여자가 왜 이 이야기를 하고 있는지 고르십시오. (3점)

　　　① 내일 우산을 팔려고

　　　② 내일 날씨를 알려 주려고

　　　③ 내일 할 일을 말해 주려고

　　　④ 내일 약속 시간을 확인하려고

26.　들은 내용과 같은 것을 고르십시오. (4점)

　　　① 내일 오후는 맑습니다

　　　② 내일 아침에 비가 옵니다.

　　　③ 내일은 오늘보다 따뜻합니다.

　　　④ 내일 낮 최고 기온은 15도입니다.

※　**[27-28] 다음을 듣고 물음에 답하십시오.**

27.　남자가 왜 여기에 왔는지 고르십시오. (3점)

　　　① 겨울 코트를 사려고

　　　② 겨울 코트를 보내려고

　　　③ 겨울 코트를 찾으려고

　　　④ 겨울 코트를 세탁하려고

28.　들은 내용과 같은 것을 고르십시오. (4점)

　　　① 여자는 남편의 코트를 사러 왔습니다.

　　　② 남자는 3일 후에 코트를 찾으러 올 겁니다.

　　　③ 여자는 남자의 코트를 배달해 주기로 했습니다.

　　　④ 여자는 세탁이 끝나면 남자에게 문자를 보낼 겁니다.

29.   '행복 나눔' 모임에 가는 이유를 고르십시오. (3점)

    ① 빵을 만들고 싶어서

    ② 노인들을 돕기 위해서

    ③ 민수 씨와 친해지기 위해서

    ④ 부모님이 없는 아이들을 도우려고

30.   들은 내용과 같은 것을 고르십시오. (4점)

    ① 남자는 이 모임에 간 적이 있습니다.

    ② 이 모임에서는 아이들이 빵을 삽니다.

    ③ 남자는 이번 주말에 이 모임에 갈 겁니다.

    ④ 이 모임에서는 아이들에게 태권도를 가르쳐 줬습니다.

※ **[31-33]** 무엇에 대한 이야기입니까? 〈보기〉와 같이 알맞은 것을 고르십시오. (각 2점)

─── 〈보 기〉 ───

바람이 붑니다. 시원합니다.

① 날짜   ② 겨울   ③ 시간   ❹ 날씨

31.

영화를 좋아합니다. 극장에 자주 갑니다.

① 장소   ② 취미   ③ 직업   ④ 쇼핑

32.

8월에는 학교에 가지 않습니다. 수업이 없습니다.

① 여행   ② 날짜   ③ 방학   ④ 약속

33.

아버지, 어머니는 선생님입니다. 서울에 삽니다.

① 나라   ② 이름   ③ 나이   ④ 부모

※ [34-39] 〈보기〉와 같이 (   )에 들어갈 가장 알맞은 것을 고르십시오.

34. (2점)

저는 선생님입니다. 흐엉 씨(   ) 선생님입니다.

① 이   ② 를   ③ 만   ④ 도

35. (2점)

타나 씨는 호안 씨(   ) 한국어를 잘합니다.

① 과   ② 에서   ③ 보다   ④ 많이

36. (2점)

피자에 치즈 가루를 (   ) 먹습니다.

① 싸서   ② 뿌려서   ③ 비벼서   ④ 만들어서

37. (3점)

도서관입니다. 책이 아주 (   ).

① 많습니다   ② 짧습니다   ③ 넓습니다   ④ 어렵습니다

38. (3점)

시험이 (　　　　　). 그래서 시험을 못 봤습니다.

① 작았습니다　　　② 나빴습니다　　　③ 어려웠습니다　　　④ 재미없었습니다

39. (2점)

저는 매일 아침 일곱 시에 (　　　　　). 매일 밤 열한 시에 잡니다.

① 삽니다　　　② 갑니다　　　③ 입습니다　　　④ 일어납니다

※ **[40-42] 다음을 읽고 맞지 <u>않는</u> 것을 고르십시오. (각 3점)**

40.

① 마트는 주말에 쉽니다.

② 오전 10시에 시작합니다.

③ 마트는 이 층에 있습니다.

④ 싱싱마트에 가면 고무장갑을 줍니다.

41.

9:53

< 010-0434-5678

10월 4일 금요일

안나 씨! 집에 잘 들어갔어요?
오늘 한복 입기 행사가
정말 재미있었어요.
다음에도 같이 해요.
내일 수업 시간에 봐요.
_리양

오후 9:53

① 안나 씨는 내일 수업이 없습니다.

② 안나 씨는 한복을 입어 봤습니다.

③ 리양 씨와 안나 씨는 오늘 만났습니다.

④ 리양 씨는 한복 입기 행사가 재미있었습니다.

42.

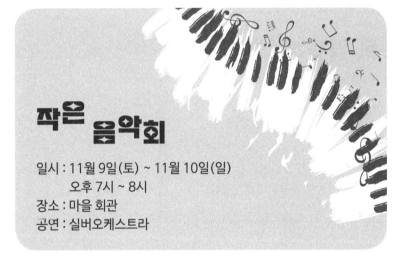

작은 음악회

일시 : 11월 9일(토) ~ 11월 10일(일)
       오후 7시 ~ 8시
장소 : 마을 회관
공연 : 실버오케스트라

① 음악회는 주말에 합니다.

② 음악회는 아침 8시에 끝납니다.

③ 음악회는 마을 회관에서 합니다.

④ 음악회는 실버오케스트라가 참여합니다.

43. (3점)

> 저는 매일 자전거를 타고 학교에 갑니다. 자전거를 타면 운동도 할 수 있어서 좋습니다. 그런데 오늘은 다리가 아파서 버스를 타고 학교에 갔습니다.

① 저는 오늘 자전거를 못 탔습니다.

② 저는 오늘 학교에 가지 않았습니다.

③ 저는 매일 학교에 가서 운동을 합니다.

④ 저는 보통 버스를 타고 학교에 갑니다.

44. (2점)

> 오늘 친구와 연극을 보러 갔습니다. 우리는 극장까지 함께 택시를 타고 갔습니다. 연극을 보고 우리 집에서 같이 저녁을 먹었습니다.

① 저는 친구와 연극을 봤습니다.

② 저는 극장에서 친구를 만났습니다.

③ 저는 극장까지 버스를 타고 갔습니다.

④ 저는 친구와 식당에서 저녁을 먹었습니다.

45. (3점)

> 내일은 친구의 생일입니다. 저는 친구에게 주려고 케이크를 만들었습니다. 내일 친구를 만나서 선물로 줄 겁니다.

① 저는 내일 케이크를 살 겁니다.

② 친구가 케이크를 만들었습니다.

③ 친구는 저에게 생일 선물을 주었습니다.

④ 저는 내일 친구에게 케이크를 줄 겁니다.

46. (3점)

> 어머니가 쓰시는 지갑이 오래되었습니다. 저는 어머니의 지갑을 바꿔 드리고 싶습니다. 그래서 저는 요즘 카페에서 아르바이트를 하고 있습니다.

① 저는 새 지갑을 사고 싶습니다.

② 저는 카페에서 일하고 싶습니다.

③ 저는 아르바이트를 찾고 있습니다.

④ 저는 어머니께 지갑을 사 드리려고 합니다.

47. (3점)

> 저는 오늘 고향을 떠나 서울로 올라왔습니다. 제 친구는 역까지 나와 배웅해 주었습니다. 저는 친구와 헤어져서 눈물이 났습니다.

① 저는 고향에 가려고 했습니다.

② 저는 친구와 헤어져서 슬펐습니다.

③ 저는 친구와 같이 서울에 갔습니다.

④ 저는 역에서 친구를 만나고 싶었습니다.

48. (2점)

> 저는 주말에 항상 친구와 영화를 봅니다. 그런데 친구가 일 때문에 외국에 나갔습니다. 저는 친구가 빨리 오면 좋겠습니다.

① 저는 영화를 보려고 합니다.

② 저는 외국에서 일을 하려고 합니다.

③ 저는 친구와 영화를 보고 싶습니다.

④ 저는 친구와 같이 외국에 가고 싶습니다.

우리 회사에는 체육관, 도서관, 그리고 쉴 수 있는 휴게실이 있습니다. 이 시설들은 점심시간과 퇴근 후에만 문을 엽니다. 우리 회사 사람들은 이 공간을 좋아합니다. 이 시설들을 이용하고 싶은 사람들은 보통 점심시간에 (㉠   ) 갑니다. 식사 후에 남은 시간 동안 하고 싶은 것을 할 수 있기 때문입니다.

49. ㉠에 들어갈 알맞은 말을 고르십시오.

① 책을 읽고   ② 잠을 자고

③ 밥을 먹고   ④ 일을 하고

50. 이 글의 내용과 같은 것을 고르십시오.

① 우리 회사에는 식당이 있습니다.

② 우리 회사에서는 운동을 할 수 없습니다.

③ 우리 회사에 있는 편의 시설들은 인기가 많습니다.

④ 우리 회사 사람들은 아침에 도서관에서 책을 읽습니다.

> 저는 혼자 여행하면서 사진 찍는 것을 좋아합니다. 저는 기간이나 장소를 정하지 않고 여행을 떠납니다. 유명한 곳보다는 작은 마을들을 다닙니다. 저는 차로 운전을 하면서 여행하는데 좋은 경치가 보이면 내려서 사진을 찍습니다. 여행하는 곳이 (㉠   ) 오랫동안 그 곳에서 지낼 때도 있습니다.

51. ㉠에 들어갈 알맞은 말을 고르십시오. (3점)

① 좋은데   ② 좋지만

③ 좋아도   ④ 좋으면

52. 무엇에 대한 이야기인지 맞는 것을 고르십시오. (2점)

① 여행 기간 정하기

② 여행 장소의 위치

③ 여행 사진을 찍는 방법

④ 혼자 여행하며 하는 것

저는 목소리가 큽니다. 작게 말하려고 하지만 제 목소리는 다른 사람보다 큽니다. 그래서 많은 사람들이 제 목소리를 좋아하지 않습니다. 제게 목소리가 시끄럽다고 합니다. 그러나 집에 계신 우리 할머니는 제 목소리를 좋아하십니다. 할머니가 (㉠   ) 때문입니다. 저는 시간이 날 때마다 큰 목소리로 우편물이나 신문을 읽어 드립니다.

53. ㉠에 들어갈 알맞은 말을 고르십시오. (2점)

① 말씀을 잘 안 하시기   ② 큰 소리를 좋아하시기

③ 작은 소리를 잘 못 들으시기   ④ 이야기하는 것을 좋아하시기

54. 이 글의 내용과 같은 것을 고르십시오. (3점)

① 저는 할머니와 따로 살고 있습니다.

② 사람들은 제 목소리를 잘 못 듣습니다.

③ 많은 사람들이 제 목소리를 좋아합니다.

④ 우리 할머니는 제 목소리를 좋아하십니다.

※ **[55-56] 다음을 읽고 물음에 답하십시오.**

> 저는 어릴 때 시골에서 자랐습니다. 저는 서울로 대학을 오게 되면서 혼자 서울에 살게 되었습니다. 졸업하고 서울에서 회사에 다녔지만 복잡한 도시 생활이 저한테 맞지 않았습니다. 저는 다시 시골로 (㉠   ). 그래서 얼마 전에 시골에 집을 샀습니다. 저는 거기에서 과일을 키울 겁니다. 다음 달에 드디어 이사를 합니다.

55. ㉠에 들어갈 알맞은 말을 고르십시오. (2점)

① 돌아가면 안 됩니다　　　　　　② 돌아갔기 때문입니다

③ 돌아가고 싶었습니다　　　　　　④ 돌아간 적이 있습니다

56. 이 글의 내용과 같은 것을 고르십시오. (3점)

① 저는 도시 생활을 좋아합니다.

② 저는 회사에 다니지 않았습니다.

③ 저는 어렸을 때부터 서울에서 살았습니다.

④ 저는 시골에 가서 과일을 키우려고 합니다.

57. (3점)

> (가) 저는 원래 오른손으로 글씨를 썼습니다.
>
> (나) 그때부터 왼손으로 글씨를 쓰기 시작했습니다.
>
> (다) 그런데 농구를 하다가 다쳐서 오른손으로 글씨를 쓸 수 없었습니다.
>
> (라) 처음에는 글이 잘 안 써졌지만, 지금은 왼손으로 쓰는 것이 익숙합니다.

① (가) - (다) - (라) - (나)　　　　② (가) - (다) - (나) - (라)

③ (라) - (다) - (가) - (나)　　　　④ (라) - (나) - (가) - (다)

58. (2점)

> (가) 그래서 학교 앞에서 운전할 때는 조심해야 합니다.
>
> (나) 왜냐하면 어린이는 키가 작아서 운전할 때 잘 보이지 않기 때문입니다.
>
> (다) 학교 앞 어린이 보호 구역에서 교통사고가 많이 납니다.
>
> (라) 또 어린이들이 갑자기 도로로 뛰어들 때도 있습니다.

① (나) - (가) - (다) - (라)　　　　② (나) - (다) - (가) - (라)

③ (다) - (나) - (라) - (가)　　　　④ (다) - (라) - (나) - (가)

우리 가족은 보통 저녁을 먹고 나서 거실로 모입니다. 거실에서 좋아하는 텔레비전 프로그램을 다 같이 봅니다. (㉠   ) 그러나 우리 가족은 텔레비전을 조용히 보지 않습니다. (㉡   ) 드라마와 뉴스 이야기도 하지만 아버지와 어머니의 회사 이야기도 하고 저의 학교 이야기도 합니다. (㉢   ) 텔레비전 소리를 못 들을 때가 많지만 가족들과 함께하는 저녁 시간이 항상 즐겁습니다. (㉣   )

59. 다음 문장이 들어갈 곳을 고르십시오. (2점)

텔레비전을 보면서 이야기를 많이 합니다.

① ㉠   ② ㉡   ③ ㉢   ④ ㉣

60. 이 글의 내용과 같은 것을 고르십시오. (3점)

① 아버지와 어머니는 회사에 다닙니다.

② 우리 가족은 각자 좋아하는 프로그램이 다릅니다.

③ 텔레비전을 보기 때문에 가족 이야기를 못 듣습니다.

④ 우리 가족은 거실에서 텔레비전을 보는 것을 싫어합니다.

> 저는 발표를 잘하지 못합니다. 사람들 앞에 서면 너무 긴장되어 목소리가 작아지고 떨립니다. 저는 발표를 잘하고 싶어서 수업 시간에 발표할 기회가 있을 때마다 하려고 합니다. 그리고 (㉠) 혼자 연습을 많이 합니다. 큰소리로 말하거나 거울을 보면서 연습합니다. 혼자 연습한 것을 휴대 전화로 녹음도 하고 잘 못한 부분을 다시 연습합니다.

61. ㉠에 들어갈 알맞은 말을 고르십시오.

① 발표하면   ② 발표한 지

③ 발표하니까   ④ 발표하기 전에

62. 이 글의 내용과 같은 것을 고르십시오.

① 저는 사람들 앞에서 연습을 많이 합니다.

② 저는 연습한 것을 휴대 전화로 찍습니다.

③ 저는 사람들 앞에 서서 말을 할 때 긴장합니다.

④ 저는 수업 시간에 발표할 일이 있으면 피합니다.

※ **[63-64] 다음을 읽고 물음에 답하십시오.**

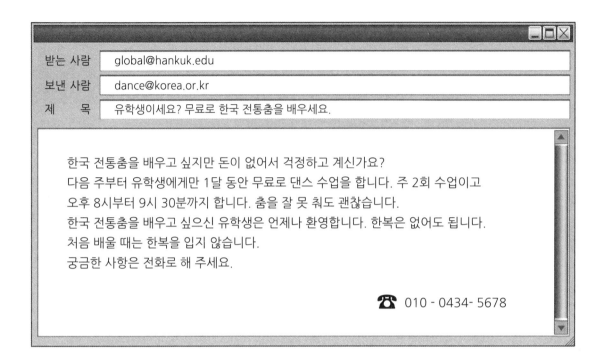

63. 왜 이 글을 썼는지 맞는 것을 고르십시오. (2점)

① 한국 전통춤을 배우려고

② 한국 전통 한복을 입어 보려고

③ 유학생을 한복을 입고 만나려고

④ 유학생들에게 한국 전통춤을 가르쳐 주려고

64. 이 글의 내용과 같은 것을 고르십시오. (3점)

① 수업은 1시간 동안 합니다.

② 수업은 일주일에 두 번 합니다.

③ 한국인도 무료로 배울 수 있습니다.

④ 한복을 입고 수업을 배워야 합니다.

> 제 이름은 이두나입니다. 할머니는 제 옆에 항상 사람이 있기를 바라셨습니다. 그래서 숫자 둘의 사투리, '두나'로 이름을 지었다고 합니다. 이 이름 덕분에 친구들은 저를 잘 기억합니다. 제 이름의 의미처럼 제 옆에는 항상 친구들이 있습니다. 그래서 저는 (㉠) 행복합니다. 저는 제 이름을 들을 때마다 멋진 이름을 지어 주신 할머니에게 고마움을 느낍니다.

65. ㉠에 들어갈 알맞은 말을 고르십시오. (2점)

① 외롭지 않고   ② 바쁘지 않고

③ 아프지 않고   ④ 배고프지 않고

66. 이 글의 내용과 같은 것을 고르십시오. (3점)

① 우리 할머니의 이름은 이두나입니다.

② 저는 이름 때문에 친구를 사귀기 어렵습니다.

③ 제 이름은 어려워서 사람들이 잘 잊어버립니다.

④ 제 이름은 할머니가 특별한 의미로 지어 주셨습니다.

누나는 요리에 관심이 없어서 거의 요리를 하지 않았습니다. 그런데 지난달에 어머니가 배추를 썰다가 손가락을 많이 다쳐서 요리를 못 하게 되었습니다. 그때부터 누나는 요리를 (㉠). 누나가 만든 요리는 맛이 없었지만 어머니는 항상 맛있게 먹었습니다. 그리고 먹고 나서 항상 잘 만들었다고 칭찬해 주셨습니다. 그 후로 누나는 요리하는 것을 좋아하게 되었습니다.

67. ㉠에 들어갈 알맞은 말을 고르십시오.

① 할 수 없었습니다   ② 할 것 같았습니다

③ 하기 시작했습니다   ④ 한 적이 없었습니다

68. 이 글의 내용과 같은 것을 고르십시오.

① 누나가 만든 음식은 맛있었습니다.

② 누나는 오래 전부터 요리를 많이 했습니다.

③ 누나는 요즘 요리에 관심을 갖게 되었습니다.

④ 어머니는 누나가 요리하는 것을 도와주셨습니다.

> 예전에 제 꿈은 멋있는 배우였습니다. 하지만 배우가 되는 길은 생각보다 어려웠습니다. 그래서 저는 (㉠). 아이들에게 동화책을 읽어 주는 선생님입니다. 저는 책을 읽으면서 등장인물의 감정이나 상황을 살려 배우처럼 연기합니다. 아이들은 그런 제 모습을 보고 크게 웃거나 기뻐하고 박수를 치면서 좋아합니다. 저는 배우는 되지 못했지만 지금 하는 일이 즐겁고 보람이 있습니다.

69. ㉠에 들어갈 알맞은 말을 고르십시오.

① 유명해졌습니다　　　　　② 열심히 노력했습니다

③ 선생님을 만났습니다　　　④ 다른 일을 찾았습니다

70. 이 글의 내용으로 알 수 있는 것을 고르십시오.

① 제 직업은 배우입니다.

② 저는 지금 직업을 바꾸고 싶습니다.

③ 아이들은 책을 보면서 크게 웃습니다.

④ 제가 책을 읽어 주면 아이들이 좋아합니다.

Test of Proficiency in Korean Actual Mock test

제4회 한국어능력시험 실전 모의고사

TOPIK I

듣기, 읽기
(Listening, Reading)

수험번호(Registration No.)		
이 름 (Name)	한국어(Korean)	
	영 어(English)	

유 의 사 항
Information

1. 시험 시작 지시가 있을 때까지 문제를 풀지 마십시오.

   Do not open the booklet until you are allowed to start.

2. 수험번호와 이름을 정확하게 적어 주십시오.

   Write your name and registration number on the answer sheet.

3. 답안지를 구기거나 훼손하지 마십시오.

   Do not fold the answer sheet; keep it clean.

4. 답안지의 이름, 수험번호 및 정답의 기입은 배부된 펜을 사용하여 주십시오.

   Use the given pen only.

5. 정답은 답안지에 정확하게 표시하여 주십시오.

   Mark your answer accurately and clearly on the answer sheet.

   Marking example

6. 문제를 읽을 때는 소리가 나지 않도록 하십시오.

   Keep quiet while answering the questions.

7. 질문이 있을 때에는 손을 들고 감독관이 올 때까지 기다려 주십시오.

   When you have any questions, please raise your hand.

TOPIK I 듣기 (1번~30번)

※ [1~4] 다음을 듣고 〈보기〉와 같이 물음에 맞는 대답을 고르십시오.

〈보 기〉

가: 가방이 있어요?

나: _____

① 네, 가방이에요.   ❷ 네, 가방이 있어요.

③ 아니요, 가방이 커요.   ④ 아니요, 가방이 아니에요.

---

1. (4점)

① 네, 가수예요.   ② 네, 가수가 없어요.

③ 아니요, 가수가 가요.   ④ 아니요, 가수가 좋아요.

2. (4점)

① 네, 사과가 맛있어요.   ② 네, 사과가 아니에요.

③ 아니요, 사과를 안 사요.   ④ 아니요, 사과가 아니에요.

3. (3점)

① 자주 해요.   ② 제 친구예요.

③ 저는 의사예요.   ④ 병원에서 해요.

4. (3점)

① 친구와 기다렸어요.   ② 버스를 기다렸어요.

③ 저녁까지 기다렸어요.   ④ 선생님을 기다렸어요.

※ [5-6] 다음을 듣고 〈보기〉와 같이 이어지는 말을 고르십시오.

┌─────────────────── 〈보 기〉 ───────────────────┐
│   │
│ 가: 안녕히 계세요.   │
│ 나: _____   │
│   │
│   ① 안녕하세요.   ② 어서 오세요.   │
│   ③ 안녕히 계세요.   ❹ 안녕히 가세요.   │
│   │
└──┘

5. (4점)

① 부탁합니다.   ② 고맙습니다.

③ 반갑습니다.   ④ 괜찮습니다.

6. (3점)

① 네, 미안해요.   ② 네, 알겠어요.

③ 네, 잘 잤어요?   ④ 네, 잘 지냈어요?

※ [7-10] 여기는 어디입니까? 〈보기〉와 같이 알맞은 것을 고르십시오.

┌─────────────────── 〈보 기〉 ───────────────────┐
│   │
│ 가: 어디가 아프세요?   │
│ 나: 머리가 아파요.   │
│   │
│   ① 학교   ❷ 병원   ③ 호텔   ④ 공항   │
│   │
└──┘

7. (3점)

① 공원   ② 극장   ③ 사진관   ④ 백화점

8. (3점)

① 학교   ② 은행   ③ 약국   ④ 회사

9. (3점)

    ① 우체국   ② 여행사   ③ 미술관   ④ 세탁소

10. (4점)

    ① 공항   ② 호텔   ③ 백화점   ④ 여행사

※ **[11-14] 다음은 무엇에 대해 말하고 있습니까? 〈보기〉와 같이 알맞은 것을 고르십시오.**

───────── 〈보 기〉 ─────────

가: 누구예요?

나: 이 사람은 동생이에요.

    ① 고향   ② 이름   ❸ 가족   ④ 나이

11. (3점)

    ① 달력   ② 선물   ③ 날짜   ④ 약속

12. (3점)

    ① 약   ② 맛   ③ 식사   ④ 위치

13. (4점)

    ① 여행   ② 위치   ③ 교통   ④ 주소

14. (3점)

    ① 공부   ② 음식   ③ 취미   ④ 직업

15. ①  ②

③  ④

16. ①    ②

③    ④

─────── 〈보 기〉───────

남자: 요즘 한국어를 배워요?

여자: 네, 한국 친구한테서 한국어를 배워요.

① 남자는 선생님입니다.　　　　　　② 여자는 학교에 다닙니다.

③ 남자는 한국어를 가르칩니다.　　　❹ 여자는 한국어를 공부합니다.

17. ① 남자는 휴가에 놀러갈 것입니다.

② 남자는 여름에 휴가가 있습니다.

③ 여자는 여름에 남자와 놀이공원에 갑니다.

④ 여자는 휴가에 친구들과 여행을 갈 것입니다.

18. ① 남자는 노래를 아주 잘합니다.

② 남자는 지금 노래방에 갑니다.

③ 여자는 한국 노래를 자주 부릅니다.

④ 여자는 친구들과 가끔 노래를 듣습니다.

19. ① 남자는 주말 날씨를 이야기했습니다.

② 여자는 남자와 같이 야구를 봤습니다.

③ 여자는 지금 농구를 하고 싶어 합니다.

④ 남자는 이번 주말에 야구를 볼 겁니다.

20. ① 남자는 침대를 사고 싶어 합니다.

② 여자는 남자에게 침대를 살 겁니다.

③ 남자는 침대를 팔고 싶지 않습니다.

④ 여자는 인터넷 신청을 도와 줄 겁니다.

21.　① 여자는 일본 여행을 예약했습니다.

　　　② 남자는 서울 여행사에서 일을 합니다.

　　　③ 여자는 주말에 일본으로 여행을 갈 겁니다.

　　　④ 남자는 여자에게 이름과 전화번호를 말했습니다.

※　**[22-24] 다음을 듣고 <u>여자</u>의 중심 생각을 고르십시오. (각 3점)**

22.　① 마이클 씨와 고향에 돌아가고 싶습니다.

　　　② 마이클 씨 친구들에게 물어보면 좋겠습니다.

　　　③ 마이클 씨에게 공부를 가르쳐 주고 싶습니다.

　　　④ 마이클 씨가 대학교 홈페이지를 찾아 보면 좋겠습니다.

23.　① 예약 시간을 알고 싶습니다.

　　　② 오늘 텔레비전을 봐야 합니다.

　　　③ 수리 기사님이 집으로 오면 좋겠습니다.

　　　④ 수리 센터에 가서 텔레비전을 고치고 싶습니다.

24.　① 잠은 알맞게 자는 것이 좋습니다.

　　　② 바쁘고 힘들면 오래 자야 합니다.

　　　③ 매일 6시에 자는 것이 건강에 좋습니다.

　　　④ 평일보다 주말에 자는 것이 더 좋습니다.

※　**[25-26] 다음을 듣고 물음에 답하십시오.**

25.　여자가 왜 이 이야기를 하고 있는지 고르십시오. (3점)

① 청소하는 방법을 알리려고

② 아파트 대청소를 알리려고

③ 자전거나 물건을 안내하려고

④ 아파트 사람들을 즐겁게 하려고

26.　들은 내용과 같은 것을 고르십시오. (4점)

① 이번 주 주말에 대청소를 합니다.

② 아파트 사람들은 주말에 청소를 합니다.

③ 계단이나 복도에 물건을 놓을 수 있습니다.

④ 일요일 오전부터 오후까지만 청소를 합니다.

※　**[27-28] 다음을 듣고 물음에 답하십시오.**

27.　두 사람이 무엇에 대해 이야기를 하고 있는지 맞는 것을 고르십시오. (3점)

① 서점에 가는 이유

② 수업 끝난 후 하는 일

③ 큰 서점에 있는 가게들

④ 서점에 같이 가고 싶은 사람

28.　들은 내용과 같은 것을 고르십시오. (4점)

① 남자는 오늘 피시방에 갈 겁니다.

② 여자는 서점에 가는 것을 좋아합니다.

③ 남자는 가끔 서점에서 커피를 마십니다.

④ 여자는 서점에서는 책을 사지 않습니다.

29. 여자가 이 책을 쓴 이유를 고르십시오. (3점)

① 아기가 있는 부부를 돕고 싶어서

② 아기를 낳고 키우는 방법을 알려 주고 싶어서

③ 결혼 후에 아기를 낳지 않는 이유를 알리고 싶어서

④ 엄마와 여성에 대한 경험과 생각을 소개하고 싶어서

30. 들은 내용과 같은 것을 고르십시오. (4점)

① 여자는 아기를 낳지 않았습니다.

② 여자는 회사에서 일을 하고 싶어 합니다.

③ 여자는 바뀐 사람들의 생각을 이야기하고 있습니다.

④ 여자는 아기를 낳았을 때 회사에서 쉰 적이 있습니다.

※   **[31-33] 무엇에 대한 이야기입니까? 〈보기〉와 같이 알맞은 것을 고르십시오. (각 2점)**

─────── 〈보 기〉 ───────

바람이 붑니다. 시원합니다.

① 날짜   ② 겨울   ③ 시간   ❹ 날씨

31.

비빔밥이 맛있습니다. 불고기도 맛있습니다.

① 쇼핑   ② 이름   ③ 직업   ④ 음식

32.

제주도에 갔습니다. 다음에 부산에 갈 것입니다.

① 취미   ② 여행   ③ 주말   ④ 방학

33.

학교 앞에 커피숍이 있습니다. 뒤에는 식당이 있습니다.

① 위치   ② 약속   ③ 공부   ④ 과일

─────────────────── 〈보 기〉───────────────────

물이 없습니다. 그래서 주스를 (   )

　① 합니다　　　② 좋습니다　　　❸ 마십니다　　　④ 모릅니다

34. (2점)

매일 공원에 갑니다. (   )을 합니다.

① 사진　　　② 음식　　　③ 산책　　　④ 약속

35. (2점)

한국 (   )를 좋아합니다. 그래서 자주 한국 드라마를 봅니다.

① 배우　　　② 기자　　　③ 의사　　　④ 요리사

36. (2점)

길을 모릅니다. 사람들에게 (   ).

① 읽습니다　　　② 기다립니다　　　③ 구경합니다　　　④ 물어봅니다

37. (3점)

책이 많습니다. 그래서 가방이 (   ).

① 예쁩니다　　　② 좋습니다　　　③ 무겁습니다　　　④ 어렵습니다

38. (3점)

> 제주도에 한라산이 있습니다. 한라산은 한국에서 (   ) 높습니다.

① 제일   ② 별로   ③ 먼저   ④ 가끔

39. (2점)

> 친구와 김밥을 먹었습니다. 너무 맛있어서 (   ) 먹었습니다.

① 조금   ② 많이   ③ 벌써   ④ 요즘

※ **[40-42] 다음을 읽고 맞지 <u>않는</u> 것을 고르십시오. (각 3점)**

40.

① 3일 동안 먹습니다.

② 하루에 한 번 먹습니다.

③ 봉투 안에 약이 있습니다.

④ 김민수 씨는 약국에서 일합니다.

41.

희망 도서관

이용 시간 : 화요일~일요일 오전 9시~오후 6시
쉬는 날 : 매주 월요일, 공휴일

※ 설연휴에는 3일 동안 문을 닫습니다.

① 아침 9시에 시작합니다.

② 설날에는 갈 수 없습니다.

③ 일주일 모두 문을 엽니다.

④ 월요일에는 문을 닫습니다.

42.

① 지금은 방학이 아닙니다.

② 히엔 씨는 고향에 왔습니다.

③ 나나 씨는 히엔 씨 고향에 가고 싶습니다.

④ 히엔 씨 고향에서 바다를 볼 수 있습니다.

※ **[43-45] 다음의 내용과 같은 것을 고르십시오.**

43. (3점)

> 제 취미는 요리입니다. 그래서 자주 집에서 요리를 합니다. 이번 주말에는 친구들을 초대해서 같이 한국 음식을 만들어서 먹을 겁니다.

① 자주 식당에 갑니다.

② 저는 요리를 좋아합니다.

③ 친구가 주말에 초대를 했습니다.

④ 주말에는 항상 한국 음식을 먹습니다.

44. (2점)

> 어제 고향 친구가 한국에 왔습니다. 저는 인천 공항에 마중을 갔습니다. 인천 공항에서 친구를 만나서 같이 우리 집에 왔습니다.

① 어제 친구를 만났습니다.

② 친구가 고향에 갔습니다.

③ 저는 오늘 고향집에 왔습니다.

④ 친구와 같이 공항에 갔습니다.

45. (3점)

> 문화센터에 컴퓨터 수업이 있습니다. 저는 컴퓨터 수업을 신청하러 갔습니다. 그런데 신청 기간이 끝나서 하지 못했습니다.

① 컴퓨터로 신청합니다.

② 문화센터에 가지 못했습니다.

③ 기간 안에 신청을 해야 합니다.

④ 저는 컴퓨터 수업을 들을 수 있습니다.

46. (3점)

> 제 친구는 K-POP 댄스를 잘 춥니다. 친구가 춤을 추면 가수 같습니다. 저도 그 친구처럼 K-POP 댄스를 배우고 싶습니다.

① 저는 가수가 되고 싶습니다.

② 저는 춤을 잘 추고 싶습니다.

③ 친구에게 댄스를 배우고 싶습니다.

④ 친구와 K-POP 댄스를 추고 싶습니다.

47. (3점)

> 저는 꽃 사진 찍는 것을 좋아합니다. 주말에 사진을 찍으러 공원이나 산에 자주 갑니다. 꽃이 피는 봄이 오면 좋겠습니다.

① 저는 봄을 제일 좋아합니다.

② 주말에 사진을 자주 찍습니다.

③ 꽃 사진을 찍으면 좋겠습니다.

④ 공원이나 산에 가고 싶습니다.

48. (2점)

> 지금 사는 집이 너무 작습니다. 그래서 생활하기가 불편합니다. 내년에는 더 큰 집으로 이사를 할 겁니다.

① 저는 생활이 불편합니다.

② 저는 집에서 생활합니다.

③ 저는 작은 집에서 삽니다.

④ 저는 이사를 하려고 합니다.

저는 지금 어학당에서 한국어를 공부하고 있습니다. 저는 드라마를 좋아해서 한국에 유학을 왔습니다. 한국어를 잘해서 한국어로 드라마를 보고 싶습니다. (㉠   ) 한국어 실력이 늘지 않아서 요즘 고민입니다. 한국어를 잘하는 방법을 알고 싶습니다.

49. ㉠에 들어갈 알맞은 말을 고르십시오.

① 그러면   ② 이처럼

③ 그런데   ④ 이러한

50. 이 글의 내용과 같은 것을 고르십시오.

① 저는 한국어를 잘 못합니다.

② 어학당에는 유학생이 많습니다.

③ 드라마 보는 방법을 알고 싶습니다.

④ 한국어로 드라마를 보면 재미있습니다.

> 서울 강남백화점에서는 개업 1주년 할인 행사를 합니다. 이 행사에서는 여러 상품을 싸게 살 수 있습니다. 그리고 올해 새로 나온 상품들을 소개할 겁니다. 특히 1층에서는 사은품을 (㉠) 새로 나온 음료수도 무료로 맛볼 수 있습니다.

51. ㉠에 들어갈 알맞은 말을 고르십시오. (3점)

① 받거나   ② 받아도

③ 받으려고   ④ 받으니까

52. 무엇에 대한 이야기인지 맞는 것을 고르십시오. (2점)

① 상품 할인 장소

② 백화점 문 여는 시간

③ 행사에서 할 수 있는 일

④ 여러 상품을 싸게 사는 방법

오늘 수업이 끝나고 집에 올 때 비가 많이 왔습니다. 그런데 우산을 안 가지고 가서 비를 맞고 있었습니다. 그때 친구를 만났습니다. 친구는 우산을 같이 쓰고 집까지 데려다 주었습니다. 친구가 (㉠   ) 다음에 같이 밥을 먹기로 했습니다.

53. ㉠에 들어갈 알맞은 말을 고르십시오. (2점)

① 고마워서   ② 고마운데

③ 고맙지만   ④ 고맙다가

54. 이 글의 내용과 같은 것을 고르십시오. (3점)

① 수업을 할 때 비가 왔습니다.

② 저는 친구 집에 같이 갔습니다.

③ 저는 친구와 밥을 먹을 겁니다.

④ 친구에게 우산을 가지고 갈 겁니다.

> 얼마 전 인주시 행복 아파트에 대한 뉴스를 봤습니다. 인주시는 내년에 행복 아파트에 지하철 역 출입구를 만들려고 합니다. 아파트 안에 지하철역 (㉠   ) 지하철을 이용하기가 쉽습니다. 그리고 출퇴근도 편리해질 겁니다.

55. ㉠에 들어갈 알맞은 말을 고르십시오. (2점)

① 손님이 적으면   ② 상점을 만들면

③ 출입구가 생기면   ④ 매표소가 있으면

56. 이 글의 내용과 같은 것을 고르십시오. (3점)

① 지하철역 출입구는 큽니다.

② 지하철을 타고 출근하면 불편합니다.

③ 인주시는 아파트를 지으려고 합니다.

④ 아파트에 지하철역 출입구를 만들 것입니다.

※ **[57-58] 다음을 순서대로 맞게 나열한 것을 고르십시오.**

57. (3점)

> (가) 오늘 아침에 그 우유를 마셨습니다.
>
> (나) 그래서 우유를 마시고 배가 아팠습니다.
>
> (다) 지난 주말에 마트에서 우유를 샀습니다.
>
> (라) 그런데 우유를 마실 수 있는 날짜가 많이 지났습니다.

① (가) - (나) - (다) - (라)   ② (다) - (나) - (라) - (가)

③ (가) - (나) - (라) - (다)   ④ (다) - (가) - (라) - (나)

58. (2점)

> (가) 꿀벌에게는 춤 언어가 있습니다.
>
> (나) 아시아와 유럽의 꿀벌은 서로 다른 춤을 춥니다.
>
> (다) 이 정보를 가지고 음식이 있는 장소를 찾을 수 있습니다.
>
> (라) 하지만 두 꿀벌은 같이 생활하면서 춤 언어로 정보를 전합니다.

① (나) - (가) - (다) - (라)   ② (가) - (나) - (라) - (다)

③ (나) - (라) - (가) - (다)   ④ (가) - (라) - (다) - (나)

제가 다니는 회사는 20층 건물의 12층에 있습니다. (㉠) 아침에 출근을 하면 엘리베이터에 사람이 항상 많습니다. (㉡) 그래서 저는 매일 회사에 일찍 갑니다. (㉢) 처음 계단으로 올라갔을 때는 너무 힘이 들었습니다. (㉣) 하지만 지금은 운동도 되고 힘들지 않습니다.

59. 다음 문장이 들어갈 곳을 고르십시오. (2점)

그리고 엘리베이터를 타지 않고 계단으로 올라갑니다.

① ㉠   ② ㉡   ③ ㉢   ④ ㉣

60. 이 글의 내용과 같은 것을 고르십시오. (3점)

① 저는 20층에서 일합니다.

② 계단으로 올라가면 운동이 됩니다.

③ 우리 회사는 일찍 출근해야 합니다.

④ 매일 아침 엘리베이터를 기다립니다.

> 저는 작년에 대학교를 졸업했습니다. 졸업하고 나서 회사에 다니는 친구들도 있는데 저는 아직 회사에 들어가지 못했습니다. 저는 (㉠   ) 해외에 많이 가고 싶습니다. 그래서 지금 외국어도 공부하고 컴퓨터도 공부하고 있습니다. 올해는 꼭 외국 회사에서 일하고 싶습니다.

61. ㉠에 들어갈 알맞은 말을 고르십시오.

① 빨리 졸업해서   ② 열심히 공부해서

③ 친구들이 모두 바빠서   ④ 외국 회사에 들어가서

62. 이 글의 내용과 같은 것을 고르십시오.

① 지금 회사에 다니고 있습니다.

② 외국 회사에서 일하려고 합니다.

③ 친구들은 외국 회사에서 일합니다.

④ 저는 대학에서 컴퓨터를 배웁니다.

※ **[63-64] 다음을 읽고 물음에 답하십시오.**

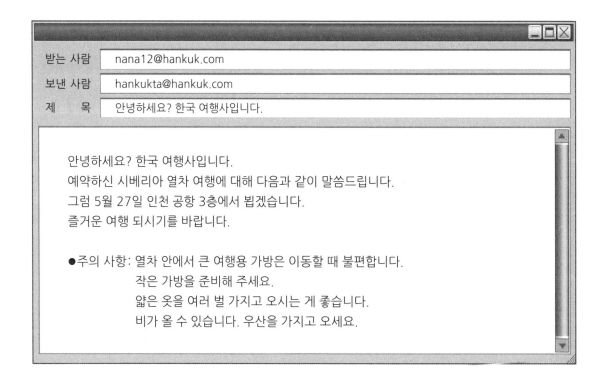

받는 사람   nana12@hankuk.com
보낸 사람   hankukta@hankuk.com
제 목   안녕하세요? 한국 여행사입니다.

안녕하세요? 한국 여행사입니다.
예약하신 시베리아 열차 여행에 대해 다음과 같이 말씀드립니다.
그럼 5월 27일 인천 공항 3층에서 뵙겠습니다.
즐거운 여행 되시기를 바랍니다.

●주의 사항: 열차 안에서 큰 여행용 가방은 이동할 때 불편합니다.
　　　　　　작은 가방을 준비해 주세요.
　　　　　　얇은 옷을 여러 벌 가지고 오시는 게 좋습니다.
　　　　　　비가 올 수 있습니다. 우산을 가지고 오세요.

63. 왜 이 글을 썼는지 맞는 것을 고르십시오. (2점)

① 여행 날짜를 바꾸려고

② 여행 상품을 판매하려고

③ 여행 방법에 대해 설명하려고

④ 여행 준비에 대해 안내하려고

64. 이 글의 내용과 같은 것을 고르십시오. (3점)

① 이 여행은 기차를 타고 다닙니다.

② 여행할 곳은 날씨가 항상 좋습니다.

③ 큰 가방에 얇은 옷을 넣어야 합니다.

④ 인천 공항 3층에서 열차가 출발합니다.

당근은 비타민이 많고 눈에 좋습니다. 눈이 건조하거나 잘 안 보일 때 당근을 먹으면 눈을 보호해 줍니다. 날씨가 춥거나 나이가 많아져서 소화가 안 될 때도 당근을 먹으면 소화를 돕고 위를 지켜줍니다. 그러나 요리를 하지 않고 먹으면 (㉠   ). 특히 당근을 요리할 때는 기름에 볶아서 먹는 게 좋습니다.

---

65. ㉠에 들어갈 알맞은 말을 고르십시오. (2점)

① 배가 아프기도 합니다　　　　　② 배가 아프지 않습니다

③ 배가 아프기 때문입니다　　　　④ 배가 아픈 적이 있습니다

66. 이 글의 내용과 같은 것을 고르십시오. (3점)

① 당근을 먹으면 건강에 좋습니다.

② 요리하지 않은 음식이 좋습니다.

③ 많은 야채와 과일을 먹어야 좋습니다.

④ 날씨가 추울 때 기름진 음식이 좋습니다.

한국은 여름에 비가 많이 오고 아주 덥습니다. 그래서 짜증이 나거나 알레르기 또는 여러 병에 걸릴 수 있습니다. (㉠   ) 우울하거나 잠이 안 올 수도 있습니다. 그래서 여름에 햇빛이 나는 시간에 밖에 나가 운동이나 산책을 하면 좋습니다. 스트레스도 없어지고 기분도 바꿀 수 있습니다. 또한 운동이나 외출 후에는 몸을 깨끗이 씻고 물을 많이 마시는 것도 도움이 됩니다.

67. ㉠에 들어갈 알맞은 말을 고르십시오.

① 몸이 더러워져서   ② 운동을 많이 해서

③ 물을 적게 마셔서   ④ 햇빛을 받지 못해서

68. 이 글의 내용과 같은 것을 고르십시오.

① 샤워를 하면 잠이 잘 옵니다.

② 여름에는 날씨가 맑고 깨끗합니다.

③ 기분이 안 좋아지면 알레르기가 생깁니다.

④ 건강을 위해 운동이나 산책이 도움이 됩니다.

※ **[69-70] 다음을 읽고 물음에 답하십시오. (각 3점)**

> 일을 마치고 집에 들어가니 딸이 책상에 있었습니다. 시험 기간이라서 공부를 하는 줄 알았습니다. 그런데 딸은 큰 종이에 그림을 그리고 있었습니다. 저는 딸에게 화를 냈습니다. 제 딸은 (㉠) 방으로 들어갔습니다. 다음 날 딸은 그림을 생일 카드라며 주었습니다. 딸은 저를 위해 생일 카드를 만들었는데 제가 화를 낸 것입니다.

69. ㉠에 들어갈 알맞은 말을 고르십시오.

① 열심히 공부해서 ② 생일 축하를 해서

③ 기분이 안 좋아져서 ④ 그림을 다시 그려서

70. 이 글의 내용으로 알 수 있는 것을 고르십시오.

① 딸은 열심히 공부를 했습니다.

② 저는 딸의 마음을 잘 몰랐습니다.

③ 딸은 식탁에 예쁜 그림을 그렸습니다.

④ 저는 생일 다음 날 카드를 받았습니다.

한국어능력시험
TOPIK I
듣기, 읽기

성명 (Name)	한국어 (Korean)	
	영어 (English)	

수 험 번 호

7

번호	답 란			
1	①	②	③	④
2	①	②	③	④
3	①	②	③	④
4	①	②	③	④
5	①	②	③	④
6	①	②	③	④
7	①	②	③	④
8	①	②	③	④
9	①	②	③	④
10	①	②	③	④
11	①	②	③	④
12	①	②	③	④
13	①	②	③	④
14	①	②	③	④
15	①	②	③	④
16	①	②	③	④
17	①	②	③	④
18	①	②	③	④
19	①	②	③	④
20	①	②	③	④

번호	답 란			
21	①	②	③	④
22	①	②	③	④
23	①	②	③	④
24	①	②	③	④
25	①	②	③	④
26	①	②	③	④
27	①	②	③	④
28	①	②	③	④
29	①	②	③	④
30	①	②	③	④
31	①	②	③	④
32	①	②	③	④
33	①	②	③	④
34	①	②	③	④
35	①	②	③	④
36	①	②	③	④
37	①	②	③	④
38	①	②	③	④
39	①	②	③	④
40	①	②	③	④

번호	답 란			
41	①	②	③	④
42	①	②	③	④
43	①	②	③	④
44	①	②	③	④
45	①	②	③	④
46	①	②	③	④
47	①	②	③	④
48	①	②	③	④
49	①	②	③	④
50	①	②	③	④
51	①	②	③	④
52	①	②	③	④
53	①	②	③	④
54	①	②	③	④
55	①	②	③	④
56	①	②	③	④
57	①	②	③	④
58	①	②	③	④
59	①	②	③	④
60	①	②	③	④

번호	답 란			
61	①	②	③	④
62	①	②	③	④
63	①	②	③	④
64	①	②	③	④
65	①	②	③	④
66	①	②	③	④
67	①	②	③	④
68	①	②	③	④
69	①	②	③	④
70	①	②	③	④

한국어능력시험
TOPIK I
듣기, 읽기

| 성 명 (Name) | 한국어 (Korean) | |
| | 영 어 (English) | |

번호		답	란	
1	①	②	③	④
2	①	②	③	④
3	①	②	③	④
4	①	②	③	④
5	①	②	③	④
6	①	②	③	④
7	①	②	③	④
8	①	②	③	④
9	①	②	③	④
10	①	②	③	④
11	①	②	③	④
12	①	②	③	④
13	①	②	③	④
14	①	②	③	④
15	①	②	③	④
16	①	②	③	④
17	①	②	③	④
18	①	②	③	④
19	①	②	③	④
20	①	②	③	④

번호		답	란	
21	①	②	③	④
22	①	②	③	④
23	①	②	③	④
24	①	②	③	④
25	①	②	③	④
26	①	②	③	④
27	①	②	③	④
28	①	②	③	④
29	①	②	③	④
30	①	②	③	④
31	①	②	③	④
32	①	②	③	④
33	①	②	③	④
34	①	②	③	④
35	①	②	③	④
36	①	②	③	④
37	①	②	③	④
38	①	②	③	④
39	①	②	③	④
40	①	②	③	④

번호		답	란	
41	①	②	③	④
42	①	②	③	④
43	①	②	③	④
44	①	②	③	④
45	①	②	③	④
46	①	②	③	④
47	①	②	③	④
48	①	②	③	④
49	①	②	③	④
50	①	②	③	④
51	①	②	③	④
52	①	②	③	④
53	①	②	③	④
54	①	②	③	④
55	①	②	③	④
56	①	②	③	④
57	①	②	③	④
58	①	②	③	④
59	①	②	③	④
60	①	②	③	④

번호		답	란	
61	①	②	③	④
62	①	②	③	④
63	①	②	③	④
64	①	②	③	④
65	①	②	③	④
66	①	②	③	④
67	①	②	③	④
68	①	②	③	④
69	①	②	③	④
70	①	②	③	④

문제지 유형	번호												
수	험	번	호										
							⑦						
	⓪	⓪	⓪	⓪	⓪	⓪	⓪	⓪	⓪	⓪	⓪	⓪	⓪
	①	①	①	①	①	①	①	①	①	①	①	①	①
	②	②	②	②	②	②	②	②	②	②	②	②	②
	③	③	③	③	③	③	③	③	③	③	③	③	③
	④	④	④	④	④	④	④	④	④	④	④	④	④
	⑤	⑤	⑤	⑤	⑤	⑤	⑤	⑤	⑤	⑤	⑤	⑤	⑤
	⑥	⑥	⑥	⑥	⑥	⑥	⑥	⑥	⑥	⑥	⑥	⑥	⑥
	⑦	⑦	⑦	⑦	⑦	⑦	⑦	⑦	⑦	⑦	⑦	⑦	⑦
	⑧	⑧	⑧	⑧	⑧	⑧	⑧	⑧	⑧	⑧	⑧	⑧	⑧
	⑨	⑨	⑨	⑨	⑨	⑨	⑨	⑨	⑨	⑨	⑨	⑨	⑨

※ 결시 확인란: 결시자의 영어 성명 및 수험번호 기재 후 표기 ○

※ 답안지 표기 방법(Marking examples)

바른 방법(Correct)	틀린 방법(Incorrect)
●	⊘ ⊙ ⊗

※ 위 사항을 지키지 않아 발생하는 불이익은 응시자에게 있습니다.

| 감독관 확 인 | 본인 및 수험번호 표기가 정확한지 확인 | (인) |

한국어능력시험
TOPIK I
듣기, 읽기

성 명 (Name)	한 국 어 (Korean)	
	영 어 (English)	

수 험 번 호	7

수험번호 기재란: ⓪①②③④⑤⑥⑦⑧⑨ (각 열)

※ 결 시 확인란: 결시자의 영어 성명 및 수험번호 기재 후 표기

※ 답안지 표기 방법(Marking examples)

바른 방법(Correct) ●

바르지 못한 방법(Incorrect) ⊙ ⊘ ⊗ ⊠

※ 위 사항을 지키지 않아 발생하는 불이익은 응시자에게 있습니다.

감독관 확 인: 본인 및 수험번호 표기가 정확한지 확인

(인)

번호	답 란
1	① ② ③ ④
2	① ② ③ ④
3	① ② ③ ④
4	① ② ③ ④
5	① ② ③ ④
6	① ② ③ ④
7	① ② ③ ④
8	① ② ③ ④
9	① ② ③ ④
10	① ② ③ ④
11	① ② ③ ④
12	① ② ③ ④
13	① ② ③ ④
14	① ② ③ ④
15	① ② ③ ④
16	① ② ③ ④
17	① ② ③ ④
18	① ② ③ ④
19	① ② ③ ④
20	① ② ③ ④

번호	답 란
21	① ② ③ ④
22	① ② ③ ④
23	① ② ③ ④
24	① ② ③ ④
25	① ② ③ ④
26	① ② ③ ④
27	① ② ③ ④
28	① ② ③ ④
29	① ② ③ ④
30	① ② ③ ④
31	① ② ③ ④
32	① ② ③ ④
33	① ② ③ ④
34	① ② ③ ④
35	① ② ③ ④
36	① ② ③ ④
37	① ② ③ ④
38	① ② ③ ④
39	① ② ③ ④
40	① ② ③ ④

번호	답 란
41	① ② ③ ④
42	① ② ③ ④
43	① ② ③ ④
44	① ② ③ ④
45	① ② ③ ④
46	① ② ③ ④
47	① ② ③ ④
48	① ② ③ ④
49	① ② ③ ④
50	① ② ③ ④
51	① ② ③ ④
52	① ② ③ ④
53	① ② ③ ④
54	① ② ③ ④
55	① ② ③ ④
56	① ② ③ ④
57	① ② ③ ④
58	① ② ③ ④
59	① ② ③ ④
60	① ② ③ ④

번호	답 란
61	① ② ③ ④
62	① ② ③ ④
63	① ② ③ ④
64	① ② ③ ④
65	① ② ③ ④
66	① ② ③ ④
67	① ② ③ ④
68	① ② ③ ④
69	① ② ③ ④
70	① ② ③ ④

한국어능력시험

TOPIK I

듣기, 읽기

성 명 (Name)	한 국 어 (Korean)	
	영 어 (English)	

수 험 번 호

문제 번호	①	②	③	④	관
1	①	②	③	④	
2	①	②	③	④	
3	①	②	③	④	
4	①	②	③	④	
5	①	②	③	④	
6	①	②	③	④	
7	①	②	③	④	
8	①	②	③	④	
9	①	②	③	④	
10	①	②	③	④	
11	①	②	③	④	
12	①	②	③	④	
13	①	②	③	④	
14	①	②	③	④	
15	①	②	③	④	
16	①	②	③	④	
17	①	②	③	④	
18	①	②	③	④	
19	①	②	③	④	
20	①	②	③	④	
21	①	②	③	④	
22	①	②	③	④	
23	①	②	③	④	
24	①	②	③	④	
25	①	②	③	④	
26	①	②	③	④	
27	①	②	③	④	
28	①	②	③	④	
29	①	②	③	④	
30	①	②	③	④	
31	①	②	③	④	
32	①	②	③	④	
33	①	②	③	④	
34	①	②	③	④	
35	①	②	③	④	
36	①	②	③	④	
37	①	②	③	④	
38	①	②	③	④	
39	①	②	③	④	
40	①	②	③	④	
41	①	②	③	④	
42	①	②	③	④	
43	①	②	③	④	
44	①	②	③	④	
45	①	②	③	④	
46	①	②	③	④	
47	①	②	③	④	
48	①	②	③	④	
49	①	②	③	④	
50	①	②	③	④	
51	①	②	③	④	
52	①	②	③	④	
53	①	②	③	④	
54	①	②	③	④	
55	①	②	③	④	
56	①	②	③	④	
57	①	②	③	④	
58	①	②	③	④	
59	①	②	③	④	
60	①	②	③	④	
61	①	②	③	④	
62	①	②	③	④	
63	①	②	③	④	
64	①	②	③	④	
65	①	②	③	④	
66	①	②	③	④	
67	①	②	③	④	
68	①	②	③	④	
69	①	②	③	④	
70	①	②	③	④	

※ 결시 확인란: 결시자의 영어 성명 및 수험번호 기재 후 표기

※ 답안지 표기 방법(Marking examples)
바른 방법(Correct)	바르지 못한 방법(Incorrect)
●	⊘ ⊙ ⊗ ◑ ◐

※ 위 사항을 지키지 않아 발생하는 불이익은 응시자에게 있습니다.

※ 감독관 확 인: 본인 및 수험번호 표기가 정확한지 확인 (인)

초판 1쇄 인쇄 | 2024년 11월 22일
초판 1쇄 발행 | 2024년 11월 25일

지은이 | 노병호·강은진·김현우·서태순·최현실
발행인 | 김태웅
편 집 | 최채은, 김현아
디자인 | 남은혜, 김지혜
마케팅 총괄 | 김철영
제 작 | 현대순

발행처 | (주)동양북스
등 록 | 제 2014-000055호
주 소 | 서울시 마포구 동교로22길 14 (04030)
구입 문의 | 전화 (02)337-1737 팩스 (02)334-6624
내용 문의 | 전화 (02)337-1762 이메일 dybooks2@gmail.com

ISBN 979-11-7210-899-1 (13710)

일단 합격

TOPIK I

한 국 어 능 력 시 험

실전 모의고사

노병호 · 강은진 · 김현우 · 서태순 · 최현실 지음

해설집

동양북스

1회 듣기 (1번~30번)

1	②	2	③	3	①	4	②	5	④
6	③	7	③	8	③	9	②	10	②
11	①	12	③	13	②	14	④	15	①
16	①	17	③	18	②	19	④	20	①
21	②	22	④	23	①	24	①	25	③
26	④	27	③	28	①	29	②	30	②

듣기 (1번~4번) p.11

1.

남자 : 사람이 많아요?

여자 : _____

➡ 사람이 많으면 '네, (사람이) 많아요.' 많지 않으면 '많아요'의 반대말인 '아니요, (사람이) 적어요.'로 대답을 합니다.

어휘체크	많다 ↔ 적다 크다 ↔ 작다

2.

여자 : 노래를 잘해요?

남자 : _____

➡ '네, 아니요'를 묻는 질문입니다. '네, (노래를) 잘해요.'나 '아니요, (노래를) 못 해요.'로 대답을 합니다.

3.

남자 : 신문을 봐요?

여자 : _____

➡ '네, 아니요'를 묻는 질문입니다. '네, (신문을) 봐요.'나 '아니요, (신문을) 안 봐요. (신문을) 보지 않아요.'로 대답을 합니다.

4.

남자 : 어디에 가요?

여자 : _____

➡ 상대방이 '어디에'라고 질문하면 '장소'로 대답을 합니다.

듣기 (5번~6번) p.12

5.

남자 : 출장 잘 다녀오세요.

여자 : _____

➡ 상대방이 '잘 다녀오세요.'라고 인사를 하면 '고맙습니다.'라고 대답을 합니다.

6.

여자 : 이건 제가 할게요.

남자 : _____

➡ 상대방 대신 자신이 하겠다고 했으므로 '하다' 앞에 부정 표현이 오는 '아니요, 제가 할게요.'라고 대답을 합니다.

듣기 (7번~10번) p.12

7.

남자 : 어떻게 해 드릴까요?

여자 : 짧게 해 주세요.

➡ 여자가 머리를 짧게 해 달라고 이야기하고 있는 것으로 볼 때 여기는 미용실입니다.

어휘체크	짧다 ↔ 길다

8.

여자 : 이 원피스 입어 볼 수 있어요?

남자 : 네, 이쪽으로 오세요.

➡ 여자가 옷을 입어 볼 수 있는지 물어보는 것으로 볼 때 여기는 옷 가게입니다.

어휘체크	원피스

9.

남자 : 오늘 소포를 보내면 모레까지 도착할 수 있을까요?

여자 : 네, 모레까지는 도착합니다.

➡ 남자가 여자에게 소포가 언제 도착하는지 묻는 것으로 볼 때 여기는 우체국입니다.

어휘체크	보내다: N을/를 보내다 예 (편지/소포/주말/방학/시간)을/를 보내다

10.

> 여자 : 이 집은 케이크가 유명해요.
> 남자 : 그래요? 그럼, 우리도 한번 먹어 볼까요?

➡ 여자가 남자에게 '케이크'에 대해서 이야기하고 있는 것으로 볼 때 여기는 빵집입니다.

어휘체크	케이크

11.

> 남자 : 저는 스물두 살이에요.
> 여자 : 그래요? 저도 스물두 살이에요.

➡ '스물두 살'이라는 어휘로 볼 때 나이에 대해 말하고 있습니다.

어휘체크	스물 둘

12.

> 남자 : 안녕하세요? 김민재입니다.
> 여자 : 반갑습니다. 저는 이지영입니다.

➡ 남자와 여자가 서로 인사하면서 이름에 대해 말하고 있습니다.

13.

> 여자 : 이거 어디서 찍은 거예요?
> 남자 : 제주도에서 찍은 거예요.

➡ 여자의 질문에 남자가 '제주도에서 찍은 것'이라고 대답을 하는 것으로 볼 때 사진에 대해 말하고 있습니다.

어휘체크	찍다

14.

> 여자 : 서울에서 태어났어요?
> 남자 : 아니요, 부산에서 태어났어요.

➡ 여자의 질문에 남자가 부산에서 태어났다고 대답을 하는 것으로 볼 때 고향에 대해 말하고 있습니다.

15.

> 여자 : 일어나서 아침 먹어라.
> 남자 : 너무 피곤해요. 조금만 더 잘게요.

➡ 엄마(여자)의 '아침 먹어라.'라는 말에 아들(남자)이 '더 잘게요.'라고 대답하는 상황입니다.

16.

> 남자 : 수지 씨, 늦어서 미안해요.
> 여자 : 괜찮아요. 아직 영화 시작 안 했어요.

➡ 남자의 '늦어서 미안해요.'라는 말에 여자가 '영화 시작 안 했어요.' 라고 대답하는 것으로 볼 때 남자가 극장에 약속 시간보다 늦게 도착한 상황입니다.

17.

> 여자 : 이번 주 금요일까지 빛초롱 축제를 하는데 같이 갈래요?
> 남자 : 서울 빛초롱 축제요? 작년에 가 봤는데 좋았어요. 또 가고 싶어요.
> 여자 : 그래요? 그럼 만나서 같이 가요.

➡ 두 사람이 서울에서 하는 축제에 대해서 대화하는 상황입니다.
  ① 빛초롱 축제는 올해가 처음입니다.
     → 남자가 작년에 가 봤습니다.
  ② 남자는 축제에 가고 싶지 않습니다.
     → 남자는 축제에 또 가고 싶습니다.
  ③ 두 사람은 만나서 같이 축제에 갈 것입니다.
     → 만나서 같이 갈 것입니다.
  ④ 빛초롱 축제는 이번 주 금요일에 시작합니다.
     → 축제는 이번 주 금요일까지입니다.

어휘체크	축제 까지: N까지 예 금요일까지

18.

> 남자 : 저, 가족들 선물을 좀 사려고 하는데요.
> 여자 : 이 기념 티셔츠는 어떠세요?
> 남자 : 좋네요. 그걸로 세 장 주세요. 얼마예요?
> 여자 : 삼만 원입니다.

➡ 남자는 선물을 사는 손님이고 여자는 상점 직원입니다.

① 남자는 삼만 원을 받았습니다.
→ 남자는 삼만 원을 줄 것입니다.
② 남자는 티셔츠를 사려고 합니다.
→ 남자는 티셔츠를 세 장 살 것입니다.
③ 여자는 옷을 입어 보려고 합니다.
→ 대화에서 나오지 않은 내용입니다.
④ 여자는 남자에게 선물을 하려고 합니다.
→ 여자는 직원입니다.

어휘체크	기념	티셔츠

19.
여자 : 민준 씨, 회의 준비 다 했어요?
남자 : 네, 다 했습니다.
여자 : 그럼 지금 회의 시작할까요?
남자 : 네, 회의실로 가겠습니다.

➡ 여자와 남자가 회의 시작 전에 이야기하는 상황입니다.
① 여자는 회의에 못 갑니다.
→ 여자는 지금 회의를 시작하려고 합니다.
② 남자는 회의를 늦게 할 겁니다.
→ 여자가 '지금 회의 시작할까요?'라고 물었을 때 '네'라고 말했습니다.
③ 남자는 지금부터 회의 준비를 합니다.
→ 남자는 회의 준비를 다 했습니다.
④ 여자는 남자와 같이 회의를 할 겁니다.
→ 회의실에서 곧 회의를 시작할 겁니다.

20.
남자 : 실례합니다. 혹시 쌀 박물관이 어디 있는지 아세요?
여자 : 네, 이 전철역과 가까운 곳에 있어요.
남자 : 아, 네. 감사합니다. 이쪽으로 가면 되나요?
여자 : 네, 이쪽으로 쭉 가시면 5번 출구가 나와요.

➡ 남자는 여자에게 쌀 박물관의 위치를 물었고 여자가 안내하는 상황입니다.
① 남자는 지금 역 안에 있습니다.
→ 역 안에서 여자에게 박물관 위치를 물어보고 있습니다.
② 남자는 전철역을 찾고 있습니다.
→ 남자는 쌀 박물관을 찾고 있습니다.
③ 여자는 박물관을 찾고 있습니다.
→ 남자가 쌀 박물관의 위치를 묻는 상황입니다.
④ 여자는 지금 쌀 박물관에 있습니다.
→ 여자는 전철역 안에 있습니다.

21.
여자 : 비행기 시간이 몇 시죠?
남자 : 3시인데 공항에 일찍 왔네요.
여자 : 그래요? 그럼 커피숍에서 커피 한 잔 마시면서 기다려요.
남자 : 좋아요. 저는 출발 시간을 다시 확인해 보고 거기로 갈게요.

➡ 두 사람이 공항에서 만나 이야기하는 상황입니다.
① 두 사람은 공항에 늦게 도착했습니다.
→ 두 사람은 공항에 일찍 왔습니다.
② 두 사람은 커피숍에서 다시 만날 겁니다.
→ 출발 시간 확인 후 다시 만날 겁니다.
③ 여자는 비행기 시간을 확인하려고 합니다.
→ 남자가 비행기 출발 시간을 다시 확인하려고 합니다.
④ 여자는 3시에 출발하는 비행기를 탔습니다.
→ 두 사람은 3시에 출발하는 비행기를 탈 것입니다.

듣기 (22번~24번) p.16

22.
남자 : 지영 씨는 회사에 차를 안 가지고 다녀요?
여자 : 네, 저는 지하철을 타고 다녀요.
남자 : 차를 타고 다니는 게 편하지 않아요?
여자 : 아니요, 길이 막혀서 지하철이 더 편해요.

➡ 두 사람은 여자가 지하철로 출근하는 것에 대해서 이야기하고 있습니다.
① 운전 연습을 더 해야 합니다.
→ 여자는 지하철을 타고 다닙니다.
② 출근할 때는 운전을 하면 안 됩니다.
→ 여자는 길이 막혀서 지하철을 탑니다.
③ 회사에서 지하철이 가까워서 편합니다.
→ 대화에서 나오지 않은 내용입니다.
④ 지하철로 회사에 가는 것이 더 좋습니다.
→ 여자는 지하철이 더 편합니다.

23.
남자 : 두 분이세요? 여기 안쪽 자리 어떠세요?
여자 : 창가 쪽은 기다려야 돼요?
남자 : 네, 30분 정도 기다리셔야 해요.
여자 : 그럼 기다릴게요.

➡ 손님과 식당 직원이 이야기하고 있습니다. 직원이 자리를 안내하는 상황입니다.
① 창가 쪽에 앉고 싶습니다.
→ 30분 기다린 후 창가에 앉을 것입니다.

② 밖에서 먹는 것이 더 좋습니다.
→ 여자는 창가 쪽 자리를 기다릴 것입니다.

③ 손님이 적은 식당이 더 좋습니다.
→ 대화에서 나오지 않은 내용입니다.

④ 기다리지 않고 바로 앉고 싶습니다.
→ 여자는 30분 정도 기다릴 것입니다.

실전
모의고사

제1회

실전
모의고사

제2회

실전
모의고사

제3회

실전
모의고사

제4회

어휘체크	기다리다	창가

24.

남자 : 우리 동네에 자전거 도로가 생겼어요.

여자 : 그래요? 도로에서 자전거를 타면 위험한데 잘 됐네요.

남자 : 그런데 자전거 도로에서도 사고가 많이 나는 것 같아요.

여자 : 그래요? 그렇지만 자전거 도로가 생겨서 더 안 전하게 탈 수 있어요.

● 두 사람은 동네에 새로 생긴 자전거 도로에 대해서 대화하고 있습니다.

① 자전거 도로가 생겨서 좋습니다.
→ 자전거 도로가 생겨서 더 안전하다고 말합니다.

② 더 많은 사람들이 자전거를 타야 합니다.
→ 대화에서 나오지 않은 내용입니다.

③ 자전거 도로에서 사고가 더 많이 납니다.
→ 남자의 의견입니다.

④ 우리 동네에서는 자전거를 타면 안 됩니다.
→ 대화에서 나오지 않은 내용입니다.

듣기 (25번~26번) p.17

여자 : 학생회에서 알립니다. 다음 주 금요일에 열리는 '한국 어 글쓰기 대회'가 올해는 체육관에서 열립니다. 작년 보다 많은 학생들이 신청을 해서 이번 대회는 체육관 에서 하게 되었습니다. 학생회관으로 가지 마시고 체 육관으로 와 주시기 바랍니다. 글쓰기 대회가 끝나면 케이팝 춤 공연이 있을 예정입니다. 감사합니다.

25.

● 여자는 학생들에게 안내 방송으로 한국어 글쓰기 대회가 열리는 장 소에 대해 말하고 있습니다.

26.

① 금요일에 신청을 받습니다.
→ 금요일에 대회가 열립니다.

② 춤 공연은 이번 주에 볼 수 있습니다.
→ 다음 주에 글쓰기 대회가 끝나면 볼 수 있습니다.

③ 학생회관에서 글쓰기 대회가 있습니다.
→ 체육관에서 글쓰기 대회가 열립니다.

④ 작년보다 대회에 신청한 학생들이 많습니다.
→ 작년보다 많은 학생들이 신청했습니다.

어휘체크	학생회	체육관	학생회관
	공연		

듣기 (27번~28번) p.17

남자 : 이게 뭐예요? 옷이네요.

여자 : 네. 친구가 선물로 준 티셔츠예요. 사이즈가 좀 커서 고민이에요.

남자 : 혹시 안에 교환권이 없나요? 백화점에서 선물에 교환 권을 넣어 주는데요.

여자 : 아, 여기 있네요. 이걸 가지고 가면 바꿀 수 있어요?

남자 : 네. 받은 선물과 교환권을 가지고 가면 바꿀 수 있어요.

여자 : 친구에게 부탁하지 않아도 되니까 편하네요.

27.

● 두 사람은 선물로 받은 티셔츠의 교환에 대해서 이야기하고 있습 니다.

28.

① 여자는 사이즈가 큰 티셔츠를 받았습니다.
→ 여자는 사이즈가 커서 고민입니다.

② 여자는 백화점에 티셔츠를 사러 갈 겁니다.
→ 여자는 백화점에 티셔츠를 바꾸려고 갈 겁니다.

③ 여자는 친구에게 티셔츠 교환을 부탁했습니다.
→ 여자는 친구에게 티셔츠를 선물을 받았습니다.

④ 여자는 남자에게 주려고 티셔츠를 가지고 왔습니다.
→ 여자는 티셔츠 교환에 대해 이야기합니다.

어휘체크	교환권
	백화점
	바꾸다 + V-(으)ㄹ 수 있다 圓 바꿀 수 있다

듣기 (29번~30번) p.18

여자 : 작가님의 책은 특히 외국인들에게 인기가 많습니다. 어떤 내용인가요?

남자 : 한국인의 재미있는 생활 문화에 대한 책입니다. 한국인들이 방에 신발을 벗고 들어가는 것처럼요.

여자 : 어떻게 이런 책을 쓰셨어요?

남자 : 제가 오랫동안 외국에서 공부했는데, 그때 주위의 친구들이 한국에 대한 질문을 많이 했습니다. 그래서 한국에 대한 책을 생각하게 됐죠.

여자 : 아, 그렇군요. 혹시 다른 책도 준비하고 계신가요?

남자 : 네. 이번에는 한국의 수많은 명소를 소개하는 책을 쓰려고 합니다.

29.

● 남자는 오랫동안 외국에서 공부하면서 한국에 대한 질문을 많이 들었고 그래서 <u>한국에 대한 책</u>을 쓰게 되었습니다.

30.

① 남자는 외국에서 일을 한 적이 있습니다.

 → 남자는 외국에서 공부했습니다.

② 남자는 한국인의 문화에 대한 책을 썼습니다.

 → 남자는 한국인의 재미있는 생활 문화에 대한 책을 썼습니다.

③ 남자는 앞으로 외국 문화에 대한 책을 쓸 겁니다.

 → 남자는 이번에 한국의 명소를 소개하는 책을 쓰려고 합니다.

④ 남자는 외국에서 친구들에게 질문을 많이 했습니다.

 → 남자는 외국에 있을 때 주위의 친구들에게 질문을 많이 받았습니다.

어휘체크	문화 명소
	소개하다 + V-는 N **에** 소개하는 책

1회 읽기 (31번~70번)

31	②	32	①	33	④	34	①	35	③
36	④	37	④	38	③	39	③	40	②
41	④	42	③	43	①	44	④	45	④
46	④	47	③	48	③	49	④	50	②
51	①	52	①	53	④	54	④	55	③
56	①	57	②	58	①	59	③	60	①
61	③	62	②	63	②	64	①	65	③
66	④	67	①	68	②	69	②	70	④

읽기 (31번~33번) p.19

31.

● '맑다', '비가 오다'는 <u>날씨</u>를 말합니다.

32.

● '금요일', '토요일'은 <u>요일</u>을 말합니다.

33.

● 가격은 '값'을 말합니다. '○원', '비싸다'는 <u>가격</u>을 말합니다.

어휘체크	가격 비싸다

읽기 (34번~39번) p.20

34.

● 비가 올 때 쓰는 것은 <u>우산</u>입니다.

어휘체크	그런네
	있다 / 없다

35.

● 소포는 <u>우체국</u>에서 보냅니다.

어휘체크	소포를 보내다 우체국

36.

○ 'N에서'는 '~(으)로부터'의 의미가 있습니다.

어휘체크	-하고	-에서

37.

○ 생일에는 보통 친구를 초대합니다.

어휘체크	초대하다	구경하다

38.

○ 농구 선수는 키가 큽니다. 강조를 할 때 아주를 씁니다.

어휘체크	먼저	자주	아주
	아직		

39.

○ '사진(을) 찍다'라고 말합니다.

어휘체크	물어보다

읽기 (40번~42번) p.21

40.

① 표는 칠천 백 원입니다.
  → 요금은 7,100원입니다.
② 청량리로 가는 열차입니다.
  → 청량리에서 출발하는 열차입니다. (✗)
③ 시월 이십일 일에 열차를 탑니다.
  → 10월 21일의 차표입니다.
④ 오전 아홉 시 십오 분에 출발합니다.
  → 09:15은 오전 아홉 시 십오 분입니다.

어휘체크	요금	호차	석(=자리)
	출발하다	열차	

41.

① 일요일에는 문을 안 엽니다.
  → 일요일은 쉽니다. 문을 열지 않습니다.
② 토요일은 세 시에 끝납니다.
  → 15:00는 오후 3시입니다.
③ 점심시간은 두 시까지입니다.
  → 14:00는 오후 2시입니다.
④ 월요일부터 금요일까지 오전 열 시에 시작합니다.
  → 오전 9시에 시작합니다. (✗)

어휘체크	쉬다	열다	시작하다
	끝나다		

42.

오늘의 날씨

서울	대전	광주	부산	제주도
16~20℃	17~22℃	19~24℃	18~21℃	18~22℃

① 서울은 오늘 우산이 필요합니다.
  → 서울은 오늘 비가 옵니다.
② 온도가 가장 높은 곳은 광주입니다.
  → 광주 최고 기온은 24℃입니다.
③ 온도가 가장 낮은 곳은 대전입니다.
  → 대전 최저 기온은 17℃, 서울은 16℃입니다. (✗)
④ 대전과 광주는 오늘 날씨가 맑습니다.
  → ☀는 날씨가 맑다는 뜻입니다.

어휘체크	온도	최고/최저 기온

실전
모의고사
제1회

실전
모의고사
제2회

실전
모의고사
제3회

실전
모의고사
제4회

43.

① 저는 매일 공원에서 걷습니다.

→ 매일 한 시간쯤 공원을 걷습니다. (O)

② 많은 사람들이 공원에 매일 갑니다.

→ 매일 간다는 내용이 없습니다.

③ 집에서 공원까지 한 시간쯤 걸립니다.

→ 한 시간쯤 공원을 걷습니다.

④ 저는 공원에서 사람들과 이야기합니다.

→ 공원에서 사람들이 이야기도 합니다.

어휘체크	근처	새로	생기다
	매일	-쯤(=정도)	

44.

① 저는 매일 수업에 갑니다.

→ 일주일에 한 번 갑니다.

② 저는 한국 춤을 잘 춥니다.

→ 잘 못하지만 재미있습니다.

③ 저는 한국 노래를 가르칩니다.

→ 한국 노래를 부릅니다.

④ 저는 K-POP 수업이 재미있습니다.

→ 춤은 잘 추지 못하지만 재미있습니다. (O)

어휘체크	취미	일주일	부르다

45.

① 이사가 오래 걸렸습니다.

→ 이사가 금방 끝났습니다.

② 친구가 이사를 했습니다.

→ 저는 어제 이사를 했습니다.

③ 제가 친구를 도와줬습니다.

→ 친구들이 도와주었습니다.

④ 이사한 집에서 식사를 했습니다.

→ 새집에서 자장면을 먹었습니다. (O)

어휘체크	이사	금방	새집

46.

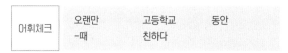 '친구는 매일 수영해서 건강이 좋아졌습니다. 저도 친구처럼 되고 싶습니다'가 중심 생각입니다. 답은 ④번입니다.

어휘체크	-처럼

47.

'형과 동생에게 선물을 했는데 기뻐했습니다'가 중심 생각입니다. 답은 ③번입니다.

어휘체크	처음	외국 여행	선물하다
	기뻐하다	자주	마음에 들다

48.

'고등학교 친구가 생각났습니다. 그래서 보고 싶습니다'가 중심 생각입니다. 답은 ①번입니다.

어휘체크	오랜만	고등학교	동안
	-때	친하다	

49.

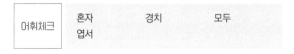 '언니가 그린 곳은 모두 경치가 좋았습니다'라는 문장으로 볼 때 언니가 그림을 그린다는 것을 알 수 있습니다. 답은 ④번입니다.

어휘체크	혼자	경치	모두
	엽서		

50.

① 언니는 보통 가족과 여행을 갑니다.

→ 혼자 여행을 자주 갑니다.

② 언니는 이번에 바다로 여행을 갔습니다.

→ 언니는 바다 그림을 저에게 주었습니다. (O)

③ 언니는 오늘 친구에게 선물을 받았습니다.

→ 나는 오늘 언니에게 그림을 받았습니다.

④ 언니는 여행을 가면 가족의 선물을 삽니다.

→ 언니가 그린 그림을 가족들에게 선물합니다.

어휘체크	이번	보통

읽기 (51번~52번)   p.26

51.

⊙ 밀가루의 다양한 사용 방법을 소개하고 있습니다. 여기에는 '추가'의 의미를 가지고 있는 '그리고'가 들어가야 합니다. 답은 ①번입니다.

어휘체크	밀가루	요리	다양하다
	사용하다	닦다	생활
	그래서	그러면	그러나

52.

⊙ 밀가루로 할 수 있는 다양한 일에 대해 이야기합니다. 답은 ①번입니다.

어휘체크	방법	순서

읽기 (53번~54번)   p.27

53.

⊙ '만드는 방법이 별로 어렵지 않았습니다.'는 비누를 만들었다는 것을 의미합니다. 답은 ④번입니다.

어휘체크	피부	약하다	마트
	별로	쌀	천연 재료
	직접		

54.

① 여동생은 인터넷으로 비누를 삽니다.
　→ 나는 인터넷을 보고 비누를 만들었습니다.
② 여동생이 만든 비누는 피부에 좋습니다.
　→ 내가 만든 비누는 여동생 피부에 좋습니다.
③ 과일을 먹어서 여동생 피부가 좋아졌습니다.
　→ 과일을 재료로 비누를 만들었습니다.
④ 저는 비누를 만드는 것이 어렵지 않았습니다.
　→ 비누를 만드는 방법이 별로 어렵지 않았습니다. (O)

어휘체크	인터넷

읽기 (55번~56번)   p.28

55.

⊙ 야구장에서 보는 것이 텔레비전으로 보는 것보다 재미있습니다. 답은 ③번입니다.

어휘체크	지난	처음	정말
	응원가	-보다	

56.

① 저는 야구장에 처음 가 봤습니다.
　→ 야구장에 간 것은 처음이었습니다. (O)
② 야구장에는 사람이 별로 없었습니다.
　→ 야구장에 사람이 정말 많았습니다.
③ 야구장에서는 음식을 먹으면 안 됩니다.
　→ 야구장에서 치킨을 먹었습니다.
④ 경기가 끝나고 나서 치킨을 먹으러 갔습니다.
　→ 경기를 보면서 치킨을 먹었습니다.

어휘체크	별로

읽기 (57번~58번)   p.29

57.

⊙ 요즘 피곤해서 운동을 해야겠다고 생각하는 내용입니다.

요즘은 조금만 일해도 금방 피곤해집니다. (나)
→ 그래서 건강에 관심이 생겼습니다. (라)
→ 건강을 위해서 운동을 하려고 합니다. (다)
→ 내일부터 엘리베이터를 타지 않고 계단으로 걸어갈 겁니다. (가)
답은 ②번입니다.

어휘체크	엘리베이터	계단	금방
	관심	생기다	

58.

⊙ 신선한 달걀을 확인하는 방법입니다.

달걀의 신선도를 확인할 수 있는 방법이 있습니다. (다)
→ 소금물을 담은 그릇에 달걀을 넣어 보면 됩니다. (나)
→ 소금물에 넣었을 때 달걀이 그릇 바닥에 있으면 신선한 것입니다. (가)
→ 그렇지만 달걀이 물 위로 뜨면 오래된 달걀입니다. (라)
답은 ①번입니다.

어휘체크	신선하다	담다	그릇
	방법	뜨다	오래되다

59.

➡ 밍밍 씨는 6달 동안 한국어를 배웠습니다. 그리고 내일은 졸업식이 있는 날입니다. 답은 ③번입니다.

어휘체크	다문화교육지원센터		운영하다
	교실	공간	갖추다
	기본적	졸업식	

60.

① 밍밍 씨는 이제 한글을 쓸 줄 압니다.
　→ 밍밍 씨는 오늘 선생님께 편지를 썼습니다. (O)
② 밍밍 씨는 다문화지원센터에서 일합니다.
　→ 다문화지원센터에서 공부합니다.
③ 밍밍 씨는 한글을 가르치는 선생님입니다.
　→ 한글을 배우는 학생입니다.
④ 밍밍 씨는 친구에게 감사의 편지를 썼습니다.
　→ 선생님께 감사의 편지를 썼습니다.

어휘체크	이제

61.

➡ 나열의 의미를 가지고 있는 '-V거나'의 문법이 있어야 합니다. 공항에서 이용할 수 있는 다양한 서비스를 나열하고 있으므로 '가방을 고쳐 주거나 빌려 주는 서비스가 있다'라고 써야 합니다. 답은 ③번입니다.

어휘체크	대기	휴식 공간	보관 서비스
	비밀번호	만들어 주다	

62.

① 공항에서 여권을 만들 수 없습니다.
　→ 긴급 여권을 만들어 줍니다.
② 공항에서 여행 가방을 빌려주기도 합니다.
　→ 가방을 빌려주는 서비스도 있습니다. (O)
③ 공항에서 이용할 수 있는 서비스는 별로 없습니다.
　→ 다양한 서비스를 이용할 수 있습니다.
④ 공항에는 입고 간 외투를 바꿔 주는 서비스가 있습니다.
　→ 외투를 보관하는 서비스가 있습니다.

어휘체크	별로

63.

➡ 송편 만들기 행사에 대한 안내 메일입니다. 참가비와 장소 그리고 신청에 대한 안내입니다. 답은 ②번입니다.

어휘체크	제목	행사	진행하다
	유학생 지원센터		실습실
	참가비	참여	

64.

① 행사에 참여하려면 참가비를 내야 합니다.
　→ 참가비는 만 원입니다. (O)
② '송편 만들기' 행사는 세 시간 동안 합니다.
　→ 오후 3시부터 5시까지 두 시간 동안 합니다.
③ 이번 주에 '송편 만들기' 행사가 있습니다.
　→ 다음 주에 행사가 있습니다.
④ 행사는 유학생 지원센터 이 층에서 진행할 예정입니다.
　→ 행사는 1층 실습실에서 할 예정입니다.

65.

➡ 요즘 사람들은 오래된 시장을 별로 좋아하지 않아 사람이 적어졌습니다. 그래서 사람들의 관심을 끌려고 문화 행사를 하거나 간판도 예쁘게 꾸몄습니다. 시장이 바뀐 후 사람들이 다시 이곳을 찾아오고 있습니다. 답은 ③번입니다.

어휘체크	동네	전통시장	관심을 끌다
	문화 행사	배달 서비스	제공하다
	간판	꾸미다	

66.

① 우리 동네 시장은 새로 생긴 시장입니다.
　→ 오래된 전통시장입니다.
② 많은 사람들이 오래된 시장을 좋아합니다.
　→ 요즘 사람들은 오래된 시장을 좋아하지 않습니다.
③ 시장에 오는 사람들은 그림을 전시했습니다.
　→ 가게 주인들이 시장에 그림을 전시했습니다.
④ 우리 동네 시장에서만 먹을 수 있는 음식이 있습니다.
　→ 이 시장에서만 먹을 수 있는 다양한 음식을 팔았습니다. (O)

어휘체크	새로

67.

○ 첫 번째 생일에 돌잡이로 아이의 미래를 생각해 봅니다. 잡은 물건에 따라 의미도 다릅니다. 아이 앞에 놓는 물건들의 의미는 다르지만 행복하게 살기를 바라는 마음으로 준비합니다. 답은 ①번입니다.

어휘체크	돌잔치 마이크 의미	처음 연예인 모양	실 살다 특별하다

68.

① 아이가 물건을 많이 잡으면 더 좋습니다.
→ 많이 잡으면 좋다는 말은 없습니다.
② 돌잡이는 아이의 첫 번째 생일에 합니다.
→ 돌잡이는 처음 맞는 생일에 합니다. (O)
③ 실은 길이가 길기 때문에 부자를 의미합니다.
→ 실은 길어서 오래 사는 것을 의미합니다.
④ 마이크를 잡으면 오래 살 것이라고 생각합니다.
→ 마이크는 연예인을 의미합니다.

69.

○ 호치민은 언제나 여름입니다. 저는 한국의 사계절을 생각합니다. 특히 단풍을 볼 수 있는 가을과 눈이 내리는 겨울이 그립습니다. 답은 ②번입니다.

어휘체크	언제나 그립다 유지하다	특히 직접	단풍 풍경

70.

① 베트남에는 사계절이 있습니다.
→ 베트남은 언제나 여름입니다.
② 베트남에서 가을에 단풍을 볼 수 있습니다.
→ 베트남은 가을이 없어서 단풍을 볼 수 없습니다.
③ 저는 베트남에서 어머니와 함께 살고 있습니다.
→ 어머니는 한국에 계십니다.
④ 저는 소포를 받고 어머니의 사랑을 느꼈습니다.
→ 어머니에게서 소포를 받고 고마웠습니다. (O)

어휘체크	소포

2회 듣기 (1번~30번)

1 ③	2 ④	3 ①	4 ①	5 ③
6 ①	7 ④	8 ③	9 ③	10 ①
11 ③	12 ③	13 ①	14 ②	15 ③
16 ④	17 ②	18 ③	19 ②	20 ②
21 ①	22 ②	23 ①	24 ④	25 ②
26 ①	27 ①	28 ②	29 ②	30 ②

듣기 (1번~4번) p.39

1.

남자 : 책이 많아요?

여자 : _____

➡ 책이 많으면 '네, (책이) 많아요.' 많지 않으면 '많아요'의 반대말인 '아니요, (책이) 적어요.'로 대답을 합니다.

어휘체크	많다 ↔ 적다 크다 ↔ 작다

2.

여자 : 공부를 해요?

남자 : _____

➡ '네, 아니요'를 묻는 질문입니다. '네, (공부를) 해요.'나 '아니요, (공부를) 안 해요. (공부를) 하지 않아요.'로 대답을 합니다.

3.

남자 : 저 신발 어때요?

여자 : _____

➡ 신발이 어떤지 묻는 질문입니다. '좋다, 안 좋다, 예쁘다' 등으로 대답을 합니다.

어휘체크	신다 : N을/를 신다 예 신발을 신다/구두를 신다 어떻다 예 어떻게, 어때요

4.

남자 : 방학이 언제예요?

여자 : _____

➡ 상대방이 '언제'라고 질문하면 '날짜, 요일'로 대답을 합니다.

듣기 (5번~6번) p.40

5.

남자 : 맛있게 드세요.

여자 : _____

➡ 상대방이 음식을 '맛있게 드세요.'라고 인사를 하면 '잘 먹겠습니다.'라고 대답을 합니다.

6.

여자 : 여보세요. 민수 씨 좀 부탁합니다.

남자 : _____

➡ 상대방에게 전화로 'OO 씨 좀 부탁합니다.'라고 말하면 '잠깐만 기다리세요. 전화 바꿔 드리겠습니다.', 혹은 '네, 전데요.'로 대답을 합니다. 사람이 없으면 '지금 안 계십니다.'로 대답을 합니다.

듣기 (7번~10번) p.40

7.

남자 : 소포를 저울 위에 올려 주세요.

여자 : 네, 알겠습니다.

➡ 소포를 저울 위에 올려놓으라는 것으로 볼 때 여기는 우체국입니다.

8.

남자 : 뭘 드릴까요? 손님.

여자 : 커피 한 잔 주세요.

➡ 여자가 커피 한 잔을 주문하는 것으로 볼 때 여기는 커피숍입니다.

9.

남자 : 다음 역이 어디예요?

여자 : 서울역이에요.

➡ 남자가 다음 역이 어디인지 질문하는 것으로 볼 때 여기는 기차나 지하철입니다.

어휘체크	역: 기차, 지하철 정류장: 시내버스, 마을버스

10.

남자 : 화장품하고 향수는 몇 층에 있어요?

여자 : 1층에 있습니다. 손님.

➡ 화장품하고 향수가 있는 층에 대해 질문하는 것으로 볼 때 여기는 여러 가지 물건을 파는 <u>백화점</u>입니다.

듣기 (11번~14번) p.41

11.

남자 : 몇 시 비행기예요?

여자 : 오후 3시 비행기예요.

➡ 남자가 여자에게 비행기가 몇 시에 출발하는지 <u>출발 시간</u>에 대해 말하고 있습니다.

12.

남자 : 시간이 있으면 뭘 해요?

여자 : 저는 수영을 좋아해요.

➡ 남자의 질문에 여자가 <u>취미</u>에 대해 대답하고 있습니다.

13.

여자 : 마이클 씨 고향은 지금 여름이에요?

남자 : 아니요, 겨울이에요.

➡ 여자의 질문에 남자가 '아니요, 겨울이에요.'라고 대답을 하는 것으로 볼 때 <u>계절</u>에 대해 말하고 있습니다.

14.

여자 : 학생식당이 어디에 있어요?

남자 : 우체국 뒤에 있어요.

➡ 학생식당이 있는 곳에 대한 질문에 '우체국 뒤에 있어요.'라고 대답하는 것으로 볼 때 <u>위치</u>에 대해 말하고 있습니다.

어휘체크	위치명사	앞 ↔ 뒤	옆
		위 ↔ 아래/밑	오른쪽 ↔ 왼쪽
		안 ↔ 밖	가운데/사이

듣기 (15번~16번) p.42

15.

여자 : 실례합니다. 저 사진 좀 찍어 주시겠어요?

남자 : 네. 알겠습니다.

➡ 여자가 남자에게 휴대 전화를 주면서 <u>사진을 찍어 달라고 부탁하고 있는 상황</u>입니다.

16.

여자 : 손님. 마음에 드세요?

남자 : 네, 짧은 머리가 아주 시원해 보이네요.

➡ 여자는 미용사이고 남자는 손님입니다. 머리를 다 자른 후에 <u>거울을 보면서 이야기하고 있는 상황</u>입니다.

어휘체크	N이/가 마음에 들다 시원하다 + A아/어 보이다 예 시원해 보이다 짧다 ↔ 길다

듣기 (17번~21번) p.43

17.

남자 : 실례지만 길 좀 물어볼게요.
경복궁에 어떻게 가는지 아세요?

여자 : 저도 여기가 처음이라서 잘 몰라요. 죄송해요.

➡ 남자는 여자에게 경복궁의 위치를 물었지만 여자도 처음 와서 경복궁이 어디에 있는지 모르는 상황입니다.

① 남자는 한국말을 모릅니다.

→ 남자는 한국말로 질문을 했습니다.

② 남자는 경복궁에 가려고 합니다.

→ 남자는 '경복궁에 어떻게 가는지 아세요?'라고 물었습니다.

③ 여자는 여기에 온 적이 있습니다.

→ 여자는 여기가 처음이라고 대답했습니다.

④ 여자는 경복궁에 가는 길을 잘 압니다.

→ 여자는 경복궁에 가는 길을 모릅니다.

18.

여자 : 손님, 죄송하지만 여기는 반려동물 출입 금지입니다.

남자 : 그래요? 그런데 잠깐 들어가서 한국어 책만 사면 안 돼요?

여자 : 네, 죄송합니다.

➡ 남자는 반려동물을 데리고 서점에 와서 서점에 들어갈 수 없는 상황입니다.

① 남자는 책을 샀습니다.

→ 남자는 책을 못 샀습니다.

② 남자는 서점에서 일하고 있습니다.

→ 남자는 손님입니다.

③ 반려동물은 서점에 들어갈 수 없습니다.

→ 서점은 반려동물 출입 금지입니다.

④ 두 사람은 같이 한국어 책을 사고 싶습니다.

→ 남자가 한국어 책을 사고 싶습니다.

19.

남자 : 히엔 씨, 어디 아파요?

여자 : 네, 어제 밤부터 머리가 아파요. 열도 나고요.

남자 : 그럼 병원에 가는 게 어때요?

여자 : 감사합니다. 선생님. 수업이 끝나고 친구하고 갈게요.

⇨ 선생님과 학생이 대화하고 있습니다. 학생은 몸이 좋지 않은 상황입니다.

① 남자는 학생입니다.

　　→ 여자가 학생입니다.

② 여자는 몸이 좋지 않습니다.

　　→ 여자는 어제 밤부터 머리가 아픕니다.

③ 남자는 병원에 가고 싶어 합니다.

　　→ 여자가 아픕니다. 그래서 여자가 병원에 갈 겁니다.

④ 오늘 남자와 여자가 같이 병원에 갈 겁니다.

　　→ 여자는 친구하고 같이 병원에 갈 겁니다.

20.

남자 : 와, 집에 우표가 정말 많네요.

여자 : 제가 우표를 좋아해서 어렸을 때부터 모았어요.

남자 : 여기, 베트남 우표도 있네요. 이건 어떻게 샀어요?

여자 : 베트남에 사는 친구한테 부탁해서 받았어요.

⇨ 남자가 여자 집을 구경하고 있습니다. 여자의 취미는 우표 수집입니다.

① 남자는 우표를 샀습니다.

　　→ 남자는 우표를 사지 않았습니다.

② 여자는 우표를 많이 모았습니다.

　　→ 여자는 어렸을 때부터 우표를 모았습니다.

③ 남자가 여자에게 우표를 줬습니다.

　　→ 여자가 남자에게 우표를 보여 주었습니다.

④ 여자는 우표를 사려고 베트남에 갔습니다.

　　→ 여자는 베트남에 사는 친구한테 우표를 받았습니다.

어휘체크　N을/를 모으다/수집하다

21.

여자 : 외국인 유학생들에게 한국 요리를 가르쳐 주는 행사가 있어요.

남자 : 그래요? 저는 불고기하고 잡채를 아주 좋아해요.

여자 : 그럼 같이 신청할래요? 내일까지 사무실에 신청하면 돼요.

남자 : 네, 좋아요.

⇨ 두 사람은 외국인 유학생들에게 한국 요리를 가르쳐 주는 행사에 대해서 대화하고 있습니다.

① 남자는 한국 요리를 좋아합니다.

　　→ 남자는 불고기하고 잡채를 아주 좋아합니다.

② 남자는 한국 요리를 만들 줄 모릅니다.

　　→ 대화에서 나오지 않은 내용입니다.

③ 여자는 오늘 사무실로 신청하러 갈 겁니다.

　　→ 두 사람의 대화에서 여자가 오늘 신청한다는 말을 하지 않았습니다.

④ 여자는 남자에게 한국 요리를 만들어 주고 싶어 합니다.

　　→ 두 사람은 한국 요리를 배우고 싶어 합니다.

어휘체크　행사　신청하다

듣기 (22번~24번)　p.44

22.

남자 : 학교에서 집까지 얼마나 걸려요?

여자 : 우리 집은 학교에서 좀 멀어요. 버스로 40분쯤 걸려요.

남자 : 학교에 올 때 불편하지 않아요? 기숙사에서 살지 그래요?

여자 : 집이 좀 멀지만 근처에 산이 있고 조용해서 좋아요.

⇨ 두 사람은 여자가 살고 있는 집에 대해서 대화하고 있습니다.

① 집과 학교는 먼 게 좋습니다.

　　→ 대화에서 나오지 않은 내용입니다.

② 지금 사는 집이 마음에 듭니다.

　　→ 여자의 집은 근처에 산이 있고 조용해서 좋습니다.

③ 등산을 좋아해서 자주 산에 갑니다.

　　→ 대화에서 나오지 않은 내용입니다.

④ 집에서 학교까지 걸어서 다녀야 합니다.

　　→ 여자는 버스를 타고 학교에 다닙니다.

어휘체크　살다 + V-지 그래(요)? 예살지 그래요?

23.

> 여자 : 회사 근처에 새로 생긴 식당에 가 봤어요?
>
> 남자 : 아니요, 아직 안 가 봤어요. 오늘 같이 갈래요?
>
> 여자 : 네, 식당 앞에 기다리는 사람들이 많이 있는데 맛있을 것 같아요.
>
> 남자 : 그럼 오늘 퇴근한 후에 같이 저녁 먹으러 가요.

➡ 두 사람은 오늘 퇴근 후에 새로 생긴 식당에 가려고 합니다.

① 새로 생긴 식당에 가고 싶습니다.

→ 새로 생긴 식당에 오늘 저녁 갈 것입니다.

② 회사 근처에 식당이 생겨서 좋습니다.

→ 대화에서 나오지 않은 내용입니다.

③ 식당 앞에서 기다리는 것을 싫어합니다.

→ 사람들이 식당 앞에서 기다립니다.

④ 남자하고 같이 점심을 먹고 싶어 합니다.

→ 여자는 남자하고 같이 저녁을 먹고 싶어 합니다.

어휘체크	같이: N와/과/하고 같이. = 함께 맛있다 ↔ 맛없다 생기다: N이/가 생기다

24.

> 남자 : 지난주에는 많이 바빴지요? 어제 뭐 했어요?
>
> 여자 : 오전에는 청소를 하고 오후에는 한강에 가서 자전거를 탔어요.
>
> 남자 : 일요일에는 하루 종일 집에서 푹 쉬는 게 좋지 않아요?
>
> 여자 : 저는 일요일에도 운동을 하는 게 좋아요. 너무 쉬기만 하면 월요일에 더 힘든 것 같아요.

➡ 남자가 여자에게 일요일을 어떻게 보냈는지 묻고 있는 상황입니다.

① 일요일에는 푹 쉬어야 합니다.

→ 남자의 생각입니다.

② 청소는 일요일에만 하는 게 좋습니다.

→ 대화에서 나오지 않은 내용입니다. 여자는 일요일 오전에 청소를 했습니다.

③ 너무 바쁘면 운동을 하지 않아도 됩니다.

→ 대화에 나오지 않은 내용입니다.

④ 일요일에도 운동을 좀 하는 게 좋습니다.

→ 여자는 일요일에도 운동을 하는 것을 좋아합니다.

어휘체크	하루 종일　　　푹 쉬다 쉬는 게=쉬는 것이 (것이=게, 것을=걸, 것은=건) 쉬다 + V-기만 하다 예 쉬기만 하다

듣기 (25번~26번) p.45

> 여자 : 승객 여러분, 안녕하십니까? 이 버스는 수원역에서 출발해서 화성행궁으로 가는 화성행궁 투어 버스입니다. 화성행궁에서 내려서 구경도 하고 여러 가지 축제에 참여할 수 있습니다. 돌아오는 버스를 탈 때는 버스표를 사지 않아도 됩니다. 버스는 20분마다 화성행궁 버스 정류장에서 이용하실 수 있습니다. 감사합니다.

25.

➡ 여자는 버스에서 승객들에게 안내 방송으로 버스 이용 방법에 대해 알려 주고 있습니다.

26.

① 버스는 20분마다 탈 수 있습니다.

→ 버스는 20분마다 이용할 수 있습니다.

② 화성행궁에는 구경할 것이 없습니다.

→ 화성행궁에서 여러 가지 축제에 참여할 수 있습니다.

③ 버스를 다시 탈 때는 표를 사야합니다.

→ 돌아오는 버스를 탈 때 버스표를 사지 않아도 됩니다.

④ 사람들은 돈을 내지 않고 축제에 참여할 수 있습니다.

→ 화성행궁에서 축제에 참여할 수 있지만 돈을 내지 않는다는 말은 대화에서 나오지 않은 내용입니다.

어휘체크	승객　　　　　관광지 투어 버스　　　구경하다 N에 참여하다: 축제에 참여하다 사다 + A/V-지 않다 예 사지 않다 사지 않다 + A/V- 아/어도 되다 예 사지 않아도 되다

여자 : 어서 오세요. 뭘 도와 드릴까요?

남자 : 환전을 하려고 왔어요.

여자 : 얼마를 바꿔 드릴까요?

남자 : 1000위안을 전부 원으로 바꿔 주세요. 오늘 1위안이 얼마예요?

여자 : 1위안에 170원입니다.

남자 : 지난주보다 좀 떨어진 것 같네요.

여자 : 네, 조금 떨어졌어요. 신분증 좀 주시겠어요?

남자 : 네, 여기요.

27.

⊙ 여자는 은행 직원, 남자는 손님입니다. 두 사람은 <u>오늘의 환율에</u>대해서 이야기하고 있습니다.

28.

① 환율이 지난주보다 올랐습니다.

　　→ 환율이 지난주보다 떨어졌습니다.

② 환전을 하려면 신분증이 필요합니다.

　　→ 은행 식원은 신분증을 요구했습니다.

③ 남자는 돈을 찾으러 은행에 갔습니다.

　　→ 남자는 환전을 하러 은행에 갔습니다.

④ 남자는 은행 직원과 통화하고 있습니다.

　　→ 남자는 은행에서 은행 직원과 이야기하고 있습니다.

어휘체크	환전/돈을 바꾸다　　　　　　전부 환율　　　　신분증

여자 : 전에 가구를 만들어 본 적이 있으세요?

남자 : 아니요. 처음이에요. 뭘 만드는 걸 잘 못하기 때문에 이렇게 가구를 만드는 것은 생각도 안 해 봤어요.

여자 : 그런데 어떻게 침대를 만들어 볼 생각을 하게 되셨어요?

남자 : 3개월 후에 아기가 태어나거든요. 그래서 의미 있는 선물을 해 주고 싶어서 침대를 만들어 주려고요.

여자 : 네. 정말 아기에게 좋은 선물이 되겠네요. 제가 하는 것을 보면서 천천히 같이 하시면 간단한 모양의 침대는 만드실 수 있을 거예요.

남자 : 알겠습니다. 열심히 배워서 만들어 볼게요. 잘 부탁드립니다.

29.

⊙ 남자는 3개월 후에 태어날 아기에서 선물로 <u>침대를 만들어 주려고</u>여기에 왔습니다.

30.

① 남자는 가구 가게에서 침대를 살 겁니다.

　　→ 남자는 직접 침대를 만들 겁니다.

② 남자는 가구를 만들어 본 적이 없습니다.

　　→ 남자는 처음 가구를 만들어 봅니다.

③ 남자는 가구 구경하는 것을 아주 좋아합니다.

　　→ 대화에서 나오지 않은 내용입니다.

④ 남자는 예쁜 모양의 침대를 만들고 싶어 합니다.

　　→ 남자는 간단한 모양의 침대를 만들 수 있을 겁니다.

어휘체크	가구(책상, 의자, 침대, 옷장, 책장 등) 태어나다　　　　　모양　　　　　　천천히 ↔ 빨리 간단하다 ↔ 복잡하다 태어나다 + A/V-거든요 ▥ 태어나거든요

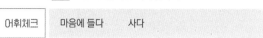

2회 읽기 (31번~70번)

31	①	32	③	33	②	34	④	35	①
36	②	37	③	38	①	39	③	40	②
41	②	42	②	43	④	44	②	45	①
46	④	47	④	48	④	49	④	50	①
51	①	52	③	53	②	54	②	55	②
56	②	57	①	58	③	59	①	60	①
61	②	62	①	63	④	64	①	65	③
66	②	67	②	68	②	69	①	70	④

읽기 (31번~33번) p.47

31.
◯ 선생님은 학생을 가르치는 직업입니다.

어휘체크	가르치다	직업	나이
	가족	이름	

32.
◯ 프랑스, 한국은 나라를 말합니다.

어휘체크	나라

33.
◯ 눈이 크고 코가 낮다고 얼굴에 대해 말하고 있습니다.

어휘체크	크다	낮다	취미
	장소		

읽기 (34번~39번) p.48

34.
◯ 약국에 가는 이유를 말하고 있습니다. 머리가 아픕니다.

어휘체크	길다	짧다	아프다

35.
◯ 지갑을 안 가지고 왔습니다. 그래서 돈이 없습니다.

어휘체크	지금	계산하다	지갑
	사전		

36.
◯ '옷이 마음에 들다'는 옷이 좋다는 의미입니다.

어휘체크	마음에 들다	사다

37.
◯ 친구하고 약속이 있기 때문에 친구를 기다립니다.

어휘체크	돕다	구경하다	기다리다

38.
◯ 처음 만나면 인사를 합니다.

어휘체크	처음	아마	아직
	별로		

39.
◯ 사람이 없습니다. 그래서 조용합니다.

어휘체크	조용하다	가깝다

읽기 (40번~42번) p.49

40.

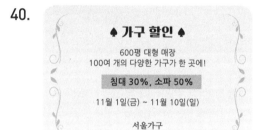

♠ 가구 할인 ♠
600평 대형 매장
100여 개의 다양한 가구가 한 곳에!
침대 30%, 소파 50%
11월 1일(금) ~ 11월 10일(일)
서울가구

① 소파는 50% 할인합니다.
　→ 소파는 50% 싸게 살 수 있습니다.
② 일주일 동안 할인합니다.
　→ 11월 1일부터 10일까지 10일 동안 할인합니다. (✗)
③ 서울가구는 대형 매장입니다.
　→ 서울 가구는 600평 대형 매장입니다.
④ 서울가구에서 할인 행사를 합니다.
　→ 서울가구에서 할인 행사를 한다는 안내문입니다.

어휘체크	가구	할인	대형	매장
	다양하다	행사	-동안	

41.

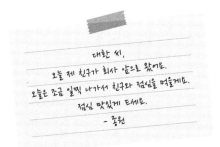

대환 씨,
오늘 제 친구가 회사 앞으로 왔어요.
오늘은 조금 일찍 나가서 친구와 점심을 먹을게요.
점심 맛있게 드세요.
- 종원

① 친구는 지금 회사 앞에 있습니다.
  → 친구가 회사 앞으로 왔습니다.
② 대환 씨가 종원 씨에게 메시지를 남깁니다.
  → 종원 씨가 메시지를 썼습니다. (✗)
③ 종원 씨는 조금 일찍 나가서 점심을 먹을 겁니다.
  → 오늘은 조금 일찍 나가서 점심을 먹습니다.
④ 대환 씨와 종원 씨는 오늘 점심을 같이 못 먹습니다.
  → 종원 씨는 오늘 친구와 점심을 먹습니다.

어휘체크	조금	일찍	메시지

42.

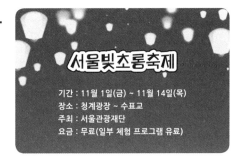

서울빛초롱축제

기간 : 11월 1일(금) ~ 11월 14일(목)
장소 : 청계광장 ~ 수표교
주최 : 서울관광재단
요금 : 무료(일부 체험 프로그램 유료)

① 축제는 이주일 동안 진행합니다.
  → 11월 11일부터 14일까지 2주일 동안 진행합니다.
② 축제는 한 곳에서만 진행합니다.
  → 축제는 한 곳이 아닌 청계광장에서 수표교까지입니다. (✗)
③ 축제의 일부 프로그램은 유료입니다.
  → 일부 체험 프로그램은 유료입니다.
④ 축제는 서울관광재단에서 주최합니다.
  → 주최는 서울관광재단입니다.

어휘체크	축제	기간	장소
	주최	요금	무료
	일부	진행하다	서울관광재단

읽기 (43번~45번) p.51

43.

① 축제는 구월에 합니다.
  → 축제는 시월(10월)에 합니다.
② 축제에 사람들이 별로 없습니다.
  → 축제에 사람들이 많이 찾아옵니다.
③ 축제에서 소고기를 먹지 못합니다.
  → 소고기의 모든 부위를 싼 값에 먹을 수 있습니다.
④ 사람들이 등심을 가장 좋아합니다.
  → '가장 인기가 있습니다.'는 '가장 좋아합니다.'와 같은 의미입니다. (○)

어휘체크	한우	모든	부위
	등심	인기(가) 있다.	

44.

① 저는 배를 타고 부산에 갔습니다.
  → 기차를 타고 부산에 갔습니다.
② 저는 부산에 가서 바다를 봤습니다.
  → 부산에서 배를 타고 바다를 봤습니다. (○)
③ 저는 가족과 함께 부산에 갔습니다.
  → 내년에 가족과 가고 싶습니다.
④ 저는 내년에 친구와 부산에 가려고 합니다.
  → 가족과 부산에 가고 싶습니다.

어휘체크	때	부산	아름답다
	바다	내년	

45.

① 저는 감동적인 영화를 봤습니다.
  → 영화가 감동적이어서 친구에게 추천했습니다. (○)
② 저는 남자친구와 영화를 봤습니다.
  → 제 친구는 내일 남자친구와 영화를 볼 겁니다.
③ 저는 친구에게 영화표를 주었습니다.
  → 저는 친구에게 영화를 추천했습니다.
④ 친구는 저에게 영화를 추천했습니다.
  → 제가 친구에게 추천했습니다.

어휘체크	어제	감동적	추천하다

읽기 (46번~48번) p.52

46.

'저는 독일어와 한국어 잘합니다. 지금은 영어를 배우지만 일본어도 배울 겁니다'. '다른 나라 언어를 배우고 싶다'가 중심 생각입니다. 답은 ④번입니다.

어휘체크			
	독일	지금	영어

47.

'흥미 있는 일을 찾고 있습니다.'와 '적성에 맞고 즐겁게 할 수 있는 일을 찾을 것입니다'가 중심 생각입니다. 답은 ④번입니다.

어휘체크			
	흥미	오래	힘들다
	찾다	적성	

48.

'졸업하고 일 년 동안 못 만나서 보고 싶었습니다. 그런데 어제 친구를 만나서 좋았습니다'가 중심 생각입니다. 답은 ④번입니다.

어휘체크			
	어제	고등학교	졸업하다
	오랫동안	이야기를 나누다	
	사귀다	잠깐	

읽기 (49번~50번) p.53

49.

여행이 즐겁지 않은 이유를 말했습니다. 그 이유는 '비행기 안에서 머리가 아프기 시작했습니다'입니다. 답은 ④번입니다.

어휘체크			
	작년	타다	계속
	이번	즐겁다	

50.

① 저는 영국 여행이 즐거웠습니다.
→ 영국 여행은 머리가 아프지 않아서 즐거웠습니다. (O)

② 저는 영국 여행 때 비행기를 처음 탔습니다.
→ 작년에 해외여행 때 비행기를 처음 탔습니다.

③ 저는 작년에 비행기 안에서 약을 먹었습니다.
→ 작년이 아니라 이번 영국 여행 때 약을 먹었습니다.

④ 저는 영국으로 가는 비행기 안에서 머리가 아팠습니다.
→ 약을 먹고 비행기를 타서 머리가 아프지 않았습니다.

어휘체크			
	작년	해외여행	처음

읽기 (51번~52번) p.54

51.

눈 건강을 위해서 하는 일로 눈에 좋은 음식 먹기, 눈 마사지하기가 나오므로 나열과 선택의 의미를 가진 '-V거나'를 씁니다. 답은 ①번입니다.

어휘체크			
	전자 기기	정보화	시대
	건강	나빠지다	건강을 지키다
	마사지	도움	

52.

'눈에 좋은 음식이나 눈 마사지' 등 눈 건강을 지키는 방법에 대한 글입니다. 답은 ③번입니다.

읽기 (53번~54번) p.55

53.

'하지만'은 반대의 뜻이 있으므로 '초코는 저를 무서워하면서 가까이 오지 않았습니다.'의 반대인 '저를 잘 따릅니다'가 이어지는 것이 자연스럽습니다. 답은 ②번입니다.

어휘체크			
	털	색깔	진하다
	지어 주다	골목길	우연히
	떨다	데려오다	무서워하다
	가까이	따르다	

54.

① 저는 한 달 전에 강아지를 샀습니다.
→ 한 달 전에 우연히 만났습니다.

② 저는 혼자 있는 강아지를 집으로 데려왔습니다.
→ 길에서 만난 강아지를 데리고 왔습니다. (O)

③ 저는 동네 골목길에서 강아지를 잃어버렸습니다.
→ 동네 골목길에서 강아지를 데리고 왔습니다.

④ 저는 처음 만났을 때부터 강아지와 친하게 지냈습니다.
→ 처음에는 무서워하면서 가까이 안 왔습니다.

어휘체크		
	잃어버리다	친하다

55.

⊙ 카페에 손님이 많은 이유를 찾아야 합니다. 유명하기 때문에 손님이 많습니다. 답은 ②번입니다.

어휘체크	바리스타	학원	직접
	취향	한가하다	유명하다
	간단하다	안전하다	
	N이라서: 이유나 근거		

56.

① 저는 학원에 다니지 않습니다.
→ 아침에 학원에 다닙니다.

② 아르바이트가 저에게 도움이 됩니다.
→ 커피를 만들 수 있고 사람들의 취향도 알 수 있어서 도움이 됩니다. (○)

③ 저는 아침에 카페에서 아르바이트를 합니다.
→ 저녁에 카페에서 아르바이트를 합니다.

④ 저는 아직 커피를 만들어 본 적이 없습니다.
→ 카페에서 다양한 커피를 직접 만듭니다.

57.

⊙ 따릉이 앱을 사용하는 방법에 대한 설명입니다.

따릉이에 대한 설명을 합니다. (나)
→ 우선 따릉이가 있는 곳을 알아야 합니다. (가)
→ 따릉이는 앱으로 위치를 확인할 수 있습니다. (다)
→ 이렇게 따릉이 앱을 확인하면 이용할 수 있습니다. (라)
답은 ①번입니다.

어휘체크	이용하다	위치	빌리다
	여기저기	모바일 앱	확인하다
	다운로드		

58.

⊙ 자동차 파는 일을 한 경험입니다.

작년부터 자동차를 파는 일을 했습니다. (나)
→ 처음 일했을 때 힘들었습니다. (라)
→ 그 이유는 손님을 만나는 일이 불편하고 어려웠기 때문입니다. (다)
→ 하지만 지금은 재미있습니다. (가)
답은 ③번입니다.

어휘체크	하지만	사원	사람을 대하다

59.

⊙ '걷기는 누구나 쉽게 할 수 있는 운동입니다. 어린 아이부터 노인까지 모두 쉽게 할 수 있습니다' '누구나'의 뜻은 어린 아이부터 노인까지입니다. 답은 ①번입니다.

어휘체크	걷기	일상생활	누구나
	모두	온몸	천천히
	점점	빨리	

60.

① 걸을 때 온몸이 움직이게 됩니다.
→ 걸을 때 다리와 온몸이 움직이게 됩니다. (○)

② 걷기 운동은 천천히 오래 걷는 것이 좋습니다.
→ 천천히 걷기 시작해서 점점 빨리 걷는 것이 좋습니다.

③ 걷기보다 뛰는 것이 건강에 더 도움이 됩니다.
→ 내용에 없습니다.

④ 걸을 때 다리만 움직이는 것이 운동이 더 잘 됩니다.
→ 걸을 때 온몸이 움직이기 때문에 좋습니다.

61.

⊙ '야구 경기를 보고 있었는데 TV에 형의 얼굴이 나와서 깜짝 놀랐고 신기했습니다' 그래서 뒤에는 반갑다는 내용이 와야 합니다. 답은 ②번입니다.

어휘체크	야구	경기	깜짝
	놀라다	부르다	응원하다
	텔레비전	처음	반갑다
	신기하다		

62.

① 형은 야구를 보러 야구장에 갔습니다.
→ 형은 어제 야구장에 갔습니다. (○)

② 저는 노래를 부르면서 형을 응원했습니다.
→ 형이 노래를 부르며 응원했습니다.

③ 자주 텔레비전에서 형의 얼굴을 봤습니다.
→ 가족의 얼굴을 TV로는 처음 봤습니다.

④ 저는 야구장에서 형을 만나고 깜짝 놀랐습니다.
→ TV에서 형의 얼굴을 보고 깜짝 놀랐습니다.

63.

➡ '주문한 상품을 아직 받지 못했습니다. 확인을 부탁합니다.'는 배달 상태를 확인하는 내용입니다. 답은 ④번입니다.

어휘체크	여러 번	배달	문의
	주문하다	아직	확인

64.

① 인터넷으로 손목시계를 샀습니다.
> → 인터넷몰에서 손목시계를 구입했습니다. (○)

② 지난주에 손목시계를 받았습니다.
> → 아직 상품(시계)을 받지 못했습니다.

③ 인터넷몰에 여러 번 이메일을 보냈습니다.
> → 여러 번 전화를 했습니다.

④ 빨리 배달해 준다는 문자 메시지를 받았습니다.
> → 빠른 배달이 어렵다는 문자를 받았습니다.

65.

➡ 'V(으)ㄹ 때는' 어떤 행동을 하는 시간이나 기간을 말합니다. 답은 ③번입니다.

어휘체크	요리	단맛	레몬
	가루	부드럽다	함께
	넣다	오래	

66.

① 설탕은 음식을 할 때만 사용합니다.
> → 빨래를 하거나 꽃병에도 사용합니다.

② 꽃병에 설탕을 넣으면 꽃을 오래 볼 수 있습니다.
> → 꽃병에 설탕을 넣으면 꽃이 오래 삽니다. (○)

③ 하얀색 옷을 빨 때 설탕을 넣으면 좋지 않습니다.
> → 하얀 옷을 빨 때 설탕을 넣으면 옷이 하얗게 되어 좋습니다.

④ 빨래할 때 설탕을 레몬 가루와 함께 넣으면 안 됩니다.
> → 빨래할 때 설탕과 레몬 가루를 함께 넣으면 옷이 부드러워집니다.

67.

➡ 'V-(으)려고 하다'는 의지와 미래의 뜻으로 사용합니다. 답은 ②번입니다.

어휘체크	친하다	축하	영상
	어리다	동네	친구
	감동(을) 받다		

68.

① 친구는 주말에도 회사에 나갑니다.
> → 저는 주말에 회사에 갑니다.

② 저는 친한 친구의 결혼을 축하해 주고 싶습니다.
> → 결혼식에 못 가지만 축하 영상을 찍어서 축하해 주고 싶습니다. (○)

③ 저는 고등학교 친구들과 친구의 결혼식에 갈 겁니다.
> → 주말에도 회사에 일이 있어서 못 갑니다.

④ 친구는 어릴 때 살았던 동네에서 결혼식을 하려고 합니다.
> → 친구는 제주도에서 결혼식을 합니다.

69.

➡ '가족과 가까운 친구들만 초대해서 작은 결혼식을 하는 사람이 많아졌습니다.'의 'V아/어서'는 순서의 뜻입니다. 답은 ①번입니다.

어휘체크	보통	많은	요즘
	줄이다	진행하다	의미하다
	기쁨		

70.

① 작은 결혼식은 손님이 많습니다.
> → 작은 결혼식은 적은 손님들이 옵니다.

② 작은 결혼식은 돈이 많이 듭니다.
> → 낮은 가격은 돈이 조금 든다는 것입니다.

③ 작은 결혼식은 많은 준비를 해야 합니다.
> → 작은 결혼식은 결혼식 준비를 줄일 수 있습니다.

④ 작은 결혼식을 하는 사람이 많아졌습니다.
> → 요즘에는 작은 결혼식을 하는 사람이 많아졌습니다. (○)

어휘체크	돈이 들다	준비

➡ '누구'하고 밥을 먹었는지에 대한 질문에는 'N와/과 먹었다'라고 대답을 합니다.

3회 듣기 (1번~30번)

1 ②	2 ②	3 ①	4 ①	5 ④
6 ④	7 ②	8 ③	9 ①	10 ②
11 ②	12 ①	13 ③	14 ③	15 ④
16 ①	17 ②	18 ④	19 ①	20 ③
21 ①	22 ②	23 ①	24 ④	25 ②
26 ③	27 ④	28 ④	29 ④	30 ③

듣기 (5번~6번)   p.68

5.

남자 : 처음 뵙겠습니다.

여자 : _____

➡ 상대방이 '처음 뵙겠습니다.'라고 인사를 하면 '만나서 반갑습니다.'라고 대답을 합니다.

6.

여자 : 뭘 드릴까요?

남자 : _____

➡ 여기에서 'V-(으)ㄹ까요?'는 '내가(제가) 어떤 행동을 할까요?'라는 질문이므로 'V-(으)세요'로 대답을 합니다.

듣기 (1번~4번)   p.67

1.

남자 : 영화를 봐요?

여자 : _____

➡ '네, 아니요'를 묻는 질문입니다. '네, (영화를) 봐요.'나 '아니요, (영화를) 안 봐요. (영화를) 보지 않아요.'로 대답을 합니다.

듣기 (7번~10번)   p.68

7.

남자 : 어떻게 오셨어요?

여자 : 이거 한국 돈으로 바꿔 주세요.

➡ 여자가 돈을 바꾸는 것으로 볼 때 여기는 은행입니다.

어휘체크	바꾸다: N을/를 바꾸다

2.

여자 : 수박이 맛있어요?

남자 : _____

➡ 수박이 많으면 '네, (수박이) 맛있어요.' 맛있지 않으면 '맛있다'의 반대말인 '아니요, (수박이) 맛없어요.'로 대답을 합니다.

어휘체크	맛있다 ↔ 맛없다 싸다 ↔ 비싸다

8.

남자 : 머리 좀 염색하려고 해요. 얼마예요?

여자 : 삼만 원이에요.

➡ 남자가 머리를 염색하려고 하는 것으로 볼 때 여기는 미용실입니다.

어휘체크	염색하다

3.

남자 : 지금 뭐 해요?

여자 : _____

➡ 무엇을 하는지에 대한 질문에 '행동'으로 대답을 합니다.

어휘체크	정말 자주

9.

남자 : 오늘 수업은 여기까지입니다.

여자 : 네, 선생님. 감사합니다.

➡ 선생님(남자)이 학생(여자)에게 수업이 여기까지라고 이야기하는 것으로 볼 때 여기는 교실입니다.

어휘체크	수업 · N까지

4.

남자 : 누구하고 밥을 먹었어요?

여자 : _____

10.

남자 : 이 집은 초코 케이크가 아주 유명해요.

여자 : 그래요? 그럼, 우리 그거 먹을까요?

→ 남자와 여자가 '케이크'에 대해서 이야기하고 '먹을까요?'라고 하는 것으로 볼 때 여기는 빵집입니다.

어휘체크	초코 케이크

듣기 (11번~14번) p.69

11.

남자 : 김치가 좀 짠 것 같아요.

여자 : 그래요? 제 입맛에는 좀 싱거워요.

→ '짜다', '입맛', '싱겁다' 등의 어휘들로 볼 때 김치의 맛에 대해 말하고 있습니다.

어휘체크	짜다 ↔ 싱겁다	맛

12.

남자 : 이 운동화 언제까지 할인해요?

여자 : 다음 주 수요일까지 할인합니다.

→ '언제', '다음 주 수요일' 등의 어휘들로 볼 때 날짜에 대해 말하고 있습니다.

어휘체크	할인

13.

남자 : 나나 씨, 주말에 공원에 자전거 타러 갈까요?

여자 : 좋아요. 그럼 금요일에 연락할게요.

→ 남자가 '주말에 공원에 자전거를 타러 갈까요?'라는 질문에 여자가 '좋아요. 금요일에 연락할게요.'라고 대답을 하는 것으로 볼 때 약속에 대해 말하고 있습니다.

14.

여자 : 하늘에 구름이 많이 끼었어요.

남자 : 네, 오후에 비가 올 것 같아요.

→ '하늘', '구름이 끼다', '비가 오다' 등의 어휘들로 볼 때 날씨에 대해 말하고 있습니다.

어휘체크	하늘 끼다: 예구름이 끼다 / 안개가 끼다 오다: 예비가 오다 / 눈이 오다

듣기 (15번~16번) p.70

15.

남자 : 엄마, 제 지갑 봤어요?

여자 : 저기 소파 위에 있네.

→ 남자의 '지갑을 봤어요?'라는 질문에 엄마가 '저기 소파 위에 있네'라고 아들의 지갑을 가리키며 이야기하는 상황입니다.

16.

여자 : 민호 씨, 다리가 왜 그래요?

남자 : 어제 축구를 하다가 넘어져서 다쳤어요.

여자 : 많이 아프겠어요.

→ 여자는 남자에게 다리가 왜 다쳤냐고 물어보는 중입니다. 남자는 여자에게 왜 다쳤는지 이야기하는 상황입니다.

듣기 (17번~21번) p.71

17.

여자 : 수영을 할 줄 알면 좀 가르쳐 주시겠어요?

남자 : 좋아요. 저는 수영을 배운 지 5년쯤 됐어요. 그럼 언제부터 가르쳐 줄까요?

→ 수영을 배우고 싶어 하는 여자에게 남자가 수영을 가르쳐 주겠다는 상황입니다.

① 남자는 수영 선수입니다.
  → 대화에서 나오지 않은 내용입니다.

② 남자는 수영을 잘합니다.
  → 남자는 수영을 배운 지 5년쯤 됐습니다.

③ 여자는 수영을 가르치고 싶습니다.
  → 여자는 수영을 배우고 싶습니다.

④ 여자는 수영을 배운 지 5년 정도 됐습니다.
  → 남자가 수영을 배운 지 5년 정도 됐습니다.

어휘체크	N쯤 = N정도

18.

여자 : 웨이 씨, 내일 고향에 가지요?

남자 : 네, 2주일 동안이요. 나나 씨는 방학에 뭐 할 거예요?

여자 : 저는 친구하고 제주도로 여행 갈 거예요.

남자 : 그래요? 그럼 우리 방학 끝나고 만나요. 선물 사 올게요.

→ 두 사람이 방학 계획에 대해서 이야기하는 상황입니다.

실전 모의고사 제1회

실전 모의고사 제2회

실전 모의고사 제3회

실전 모의고사 제4회

① 남자는 백화점에서 선물을 삽니다.

  → 남자는 고향에서 선물을 삽니다.

② 남자는 일주일 동안 고향에 갑니다.

  → 남자는 이주일 동안 고향에 갑니다.

③ 여자는 제주도에서 친구를 만나려고 합니다.

  → 여자는 친구하고 제주도에 갈 겁니다.

④ 여자는 방학에 친구하고 여행을 가려고 합니다.

  → 여자는 친구하고 방학에 제주도로 여행을 갈 겁니다.

> | 어휘체크 | '겁니다'는 '것입니다'의 구어적 표현 |

19.

여자 : 여보세요. 서울 호텔입니다.

남자 : 방 좀 예약하려고 하는데요.
다음 주 금요일부터 2박 3일 동안 지내려고요.

여자 : 잠시만 기다리세요. 다음 주 금요일부터 2박 3일
가능하십니다.

남자 : 네, 그런데 혹시 바다가 보이는 방 있어요?

여자 : 손님, 죄송합니다. 지금은 산이 보이는 방만 있
습니다.
요즘 단풍이 아름다워서 아주 좋습니다.

남자 : 네, 그럼 산이 보이는 방으로 예약해 주세요.

➡ 손님과 호텔 직원이 이야기하고 있습니다. 손님이 호텔을 예약하
는 상황입니다.

① 지금은 가을이라서 산이 아름답습니다.

  → 단풍이 아름다운 지금은 가을입니다.

② 남자는 혼자 호텔에서 묵으려고 합니다.

  → 대화에서 나오지 않은 내용입니다.

③ 남자가 예약한 방에서 바다가 보입니다.

  → 남자가 예약한 방에서 산이 보입니다.

④ 여자는 남자와 함께 등산을 가려고 합니다.

  → 대화에서 나오지 않은 내용입니다.

> | 어휘체크 | 예약하다   2박 3일   단풍 |

20.

여자 : 민수 씨, 미안해요. 지금 나가려고 하는데 갑자
기 회의가 생겼어요.
오늘은 저녁 약속을 취소해야 될 것 같아요.

남자 : 괜찮아요. 지영 씨 바쁘지 않을 때 만나면 되
지요.

여자 : 그럼 다음에 만나면 제가 맛있는 저녁을 살게
요. 강남역 근처에 맛있는 이탈리아 식당이 새
로 문을 열었어요.

남자 : 좋아요. 회의 잘하시고 조심히 퇴근하세요.
연락 주세요.

➡ 여자가 남자에게 전화로 저녁 약속을 지키지 못해서 사과하고 있는
상황입니다.

① 남자는 오늘 회의가 있습니다.

  → 여자는 오늘 회의가 있습니다.

② 여자의 회사 근처에 이탈리아 식당이 있습니다.

  → 강남역 근처에 이탈리아 식당이 있습니다.

③ 여자가 다음에 남자에게 저녁을 사기로 했습니다.

  → 다음에 만날 때 여자가 저녁을 살 것입니다.

④ 남자가 약속을 취소하려고 여자에게 전화했습니다.

  → 여자가 약속을 취소하려고 남자에게 전화했습니다.

> | 어휘체크 | N이/가 생기다   (약속)을 취소하다 |
> | | 강남역   이탈리아 |

21.

여자 : 이 책 2권을 빌리고 싶은데 어떻게 하지요?

남자 : 학생증만 있으면 빌릴 수 있습니다.

여자 : 아. 그래요? 책을 며칠 빌릴 수 있어요?

남자 : 10일입니다.
정해진 날짜에 책을 돌려주지 않으면 돈을 내
야 합니다.

여자 : 돈은 하루에 얼마예요?

남자 : 책 1권당 1일 100원입니다. 빌리는 기간을 지
켜 주세요.

여자 : 네, 알겠습니다.

➡ 여기는 도서관입니다. 여자가 책 빌릴 수 있는 기간 등에 대해 질문
하고 있는 상황입니다.

① 남자는 도서관에서 일합니다.

  → 남자는 도서관 직원입니다.

② 책을 빌리려면 돈과 학생증이 필요합니다.

  → 책을 빌리려면 학생증만 필요합니다.

③ 여자는 책을 늦게 돌려줘서 돈을 내야 합니다.

  → 여자는 아직 책을 빌리지 않았습니다.

④ 정해진 날짜에 책을 돌려주지 않으면 책을 빌릴 수
없습니다.

  → 정해진 날짜에 책을 돌려주지 않으면 돈을 냅니다.

> | 어휘체크 | 빌리다 ↔ 돌려주다   정하다 |
> | | 기간   N을/를 지키다 |

실전
모의고사

제1회

실전
모의고사

제2회

실전
모의고사

제3회

실전
모의고사

제4회

듣기 (22번~24번) p.72

22.

> 남자 : 어제 늦게까지 일을 해서 좀 피곤하네요.
> 여자 : 그러면 이 초콜릿 한번 먹어 볼래요?
>   저는 피곤할 때 단 걸 먹으면 피곤한 게 없어지고 기분도 좋아져요.
> 남자 : 고마워요. 그런데 저는 단 것을 별로 안 좋아해요. 그리고 건강에도 안 좋아요.
> 여자 : 자주 먹는 게 아니니까 괜찮을 거예요.

● 여자가 남자에게 피곤할 때 단 것을 먹으면 좋다고 제안하는 대화를 하고 있습니다.

① 피곤하면 일하는 게 좋습니다.
  → 대화에서 나오지 않은 내용입니다.
② 피곤할 때 단 음식을 먹으면 좋습니다.
  → 여자는 피곤할 때 단 걸 먹으면 피곤이 없어지고 기분도 좋습니다.
③ 건강을 위해서 초콜릿을 먹으면 안 됩니다.
  → 남자가 단 음식은 건강에 안 좋다고 말합니다.
④ 어제 늦게까지 일을 해서 초콜릿을 샀습니다.
  → 남자가 어제 늦게까지 일했습니다. 대화에서 나오지 않은 내용입니다.

어휘체크	달다	피곤하다
	N이/가 좋아지다	
	기분	건강

23.

> 여자 : 사무실 복사기가 또 고장 났어요.
> 남자 : 그래요? 너무 자주 고장 나는 것 같은데요.
> 여자 : 맞아요. 내일 회의가 있어서 복사할 게 많은데.
> 남자 : 그럼 우리 사무실에서 복사하세요.
> 여자 : 아니에요. 수리기사가 곧 올 거예요. 복사기가 또 고장 나면 새로 사야겠어요.

● 두 사람은 고장 난 복사기에 대해서 대화하고 있는 상황입니다.

① 새 복사기를 사고 싶습니다.
  → 복사기가 또 고장 나면 새로 사고 싶습니다.
② 이 사무실은 복사기는 좋습니다.
  → 이 사무실의 복사기는 자주 고장 납니다.
③ 회의 시간에 복사기를 바꿀 겁니다.
  → 복사기가 또 고장 나면 바꿀 겁니다.
④ 복사기를 빌려서 사용하고 싶습니다.
  → 여자는 빌려서 사용하지 않고 수리기사를 기다립니다.

어휘체크	복사기	고장 나다

24.

> 여자 : 와, 여기는 공원 옆으로 강이 있네요.
> 남자 : 네. 그래서 아침저녁으로 자전거를 타거나 산책하러 오는 사람들이 많아요.
> 여자 : 공원 옆길을 따라서 걸으면 운동이 되겠는데요. 우리 집 근처에도 이런 곳이 있으면 좋겠어요.
> 남자 : 그럼, 산책하고 싶을 때 놀러 오세요.
> 여자 : 네, 그럴게요.

● 남자와 여자가 공원에서 대화하고 있는 상황입니다.

① 강 옆에 공원을 만들어야 합니다.
  → 강 옆에는 공원이 있습니다.
② 운동은 아침에 하는 것이 좋습니다.
  → 대화에서 나오지 않은 내용입니다.
③ 자전거를 타는 것은 좋은 운동입니다.
  → 자전거를 타러 오는 사람들이 많다고만 했습니다.
④ 집 근처에 공원이 생기면 좋겠습니다.
  → 여자는 '우리 집 근처에도 이런 곳이 있으면 좋겠어요'라고 말했습니다.

듣기 (25번~26번) p.73

> 여자 : 내일 날씨를 말씀드리겠습니다. 내일은 오전에는 맑겠으나 오후부터는 흐려져서 비가 내리겠습니다. 내일 낮 최고 기온은 25도, 최저 기온은 15도로 오늘보다 기온이 올라가겠습니다. 내일 오후에 외출할 때 우산을 준비하십시오.

25.

● 여자는 뉴스에서 내일 날씨에 대해 말하고 있습니다.

26.

① 내일 오후는 맑습니다.
  → 내일은 오후부터 흐려집니다.
② 내일 아침에 비가 옵니다.
  → 내일 오전에는 맑겠습니다.
③ 내일은 오늘보다 따뜻합니다.
  → 내일은 오늘보다 기온이 올라갑니다.
④ 내일 낮 최고 기온은 15도입니다.
  → 내일 낮 최고 기온은 25도입니다.

어휘체크	맑다 ↔ 흐리다	외출
	최고 기온 ↔ 최저 기온	

여자 : 어떻게 오셨어요?

남자 : 이 겨울 코트 세탁하려고요.

여자 : 아, 네. 이리 주세요.

남자 : 언제쯤 찾으러 오면 되나요?

여자 : 4~5일쯤 걸릴 것 같아요. 다 되면 문자로 알려 드릴게요. 전화번호가 어떻게 되세요?

남자 : 010-120-6745예요.

여자 : 네, 세탁 다 되면 연락드릴게요. 안녕히 가세요.

27.

○ 여자는 세탁소 직원, 남자는 손님입니다. 두 사람은 <u>겨울 코트를 세탁하는 것</u>에 대해서 이야기하고 있습니다.

28.

① 여자는 남편의 코트를 사러 왔습니다.

→ 대화에서 나오지 않은 내용입니다.

② 남자는 3일 후에 코트를 찾으러 올 겁니다.

→ 남자는 4~5일 후에 코트를 찾으러 올 겁니다.

③ 여자는 남자의 코트를 배달해 주기로 했습니다.

→ 세탁이 다 되면 여자가 남자에게 문자로 알려 주기로 했습니다.

④ 여자는 세탁이 끝나면 남자에게 문자를 보낼 겁니다.

→ 여자는 세탁이 다 되면 문자로 알려 줍니다.

어휘체크	드라이클리닝 세탁
	N(시간)쯤 걸리다 (알려/연락) 드리다

여자 : 민수 씨, 이번 주말에 '행복 나눔'이라는 모임이 있는데 같이 가실래요?

남자 : '행복 나눔'이요? 그게 뭐예요?

여자 : 부모님이 없는 아이들을 도와주는 모임이에요.

남자 : 아, 그래요? 근데 어떻게 도와줘요?

여자 : 아이들과 같이 놀아 주거나 공부를 가르쳐 주고 또 여러 가지 체험을 해요. 이번 주말에는 빵 만들기를 할 거예요.

남자 : 좋은 일을 하시네요. 저도 이번 모임에 가 보고 싶어요. 빵을 만들어 본 적은 없지만 열심히 해 볼게요. 그리고 다음에 제가 아이들에게 태권도를 가르쳐 줄게요.

29.

○ '행복 나눔' 모임은 <u>부모님이 없는 아이들을 돕는 모임</u>입니다.

30.

① 남자는 이 모임에 간 적이 있습니다.

→ 남자는 이 모임에 간 적이 없습니다.

② 이 모임에서는 아이들이 빵을 삽니다.

→ 이 모임에서 아이들이 빵 만들기 체험을 합니다.

③ 남자는 이번 주말에 이 모임에 갈 겁니다.

→ 남자는 이번 주말 모임에 가 보고 싶다고 했습니다.

④ 이 모임에서는 아이들에게 태권도를 가르쳐 줬습니다.

→ 남자가 다음에 태권도를 가르쳐 준다고 말했습니다.

어휘체크	행복 나눔	모임	체험

31	②	32	③	33	④	34	④	35	③
36	②	37	①	38	③	39	④	40	①
41	①	42	②	43	①	44	①	45	④
46	④	47	②	48	③	49	③	50	③
51	④	52	④	53	③	54	④	55	③
56	④	57	②	58	③	59	④	60	①
61	④	62	③	63	④	64	②	65	①
66	④	67	③	68	③	69	④	70	④

읽기 (31번~33번) p.75

31.

➡ '영화가 좋다', '극장에 간다'는 <u>취미</u>를 말합니다.

| 어휘체크 | 영화
직업 | 극장 | 취미 |

32.

➡ 8월은 여름입니다. 학교에 가지 않고 수업이 없을 때는 <u>방학</u>을 말합니다.

33.

➡ '부'는 아버지, '모'는 어머니의 뜻이 있습니다. 아버지와 어머니를 합치면 <u>부모</u>(님)입니다.

읽기 (34번~39번) p.76

34.

➡ 앞의 내용과 같은 것이 있을 때 <u>N도</u>로 말합니다.

35.

➡ 다른 두 사람이 잘하거나 좋고 나쁜 것을 말할 때 비교의 뜻으로 <u>N보다</u>로 말합니다.

| 어휘체크 | -와/과 | -에서 | -보다 |

36.

➡ 피자를 먹을 때 치즈가루를 뿌립니다. V아/어서는 순서의 의미가 있습니다. (=뿌린 다음에/ 뿌린 후에)

| 어휘체크 | 피자
싸다
만들다 | 치즈
뿌리다 | 가루
비비다 |

37.

➡ 도서관은 책이 <u>많이</u> 있는 곳입니다.

| 어휘체크 | 아주
넓다 | 많다
어렵다 | 짧다 |

38.

➡ 시험을 못 본 이유의 단어를 찾아야 합니다. <u>어렵다</u>가 맞습니다.

| 어휘체크 | 시험
재미없다 | 못 보다 | 나쁘다 |

39.

➡ 아침에는 <u>일어나고</u> 밤에는 잠을 잡니다.

| 어휘체크 | 매일
자다 | 아침
입다 | 밤
일어나다 |

읽기 (40번~42번) p.77

40.

➡ **싱싱마트 열었어요!**

위치 : 김안과 건물 2층
영업시간 : 오전 10시 ~ 오후 10시

1년 365일 열어요

♬♪~싱싱마트에 오면 고무장갑을 드립니다.

① 마트는 주말에 쉽니다.
  → 싱싱마트는 1년 365일 엽니다. (×)
② 오전 10시에 시작합니다.
  → 영업 시작은 오전 10시부터입니다.
③ 마트는 이 층에 있습니다.
  → 건물 2층에 있습니다.
④ 싱싱마트에 가면 고무장갑을 줍니다.
  → 싱싱마트에 가면 선물로 고무장갑을 줍니다.

어휘체크	위치	안과	건물
	고무장갑		

41.

① 안나 씨는 내일 수업이 없습니다.
→ 내일 수업 시간에 같이 봅니다. (✗)
② 안나 씨는 한복을 입어 봤습니다.
→ 리양과 같이 한복을 입었습니다.
③ 리양 씨와 안나 씨는 오늘 만났습니다.
→ 오늘 같이 한복 입기를 했습니다.
④ 리양 씨는 한복 입기 행사가 재미있었습니다.
→ 한복 입기 행사가 재미있었습니다.

어휘체크	잘 들어가다	한복	행사
	다음	수업 시간	

42.

① 음악회는 주말에 합니다.
→ 토요일과 일요일은 '주말'입니다.
② 음악회는 아침 8시에 끝납니다.
→ 오후 8시에 끝납니다. (✗)
③ 음악회는 마을 회관에서 합니다.
→ 음악회 장소는 마을 회관입니다.
④ 음악회는 실버오케스트라가 참여합니다.
→ 공연은 실버오케스트라가 참여합니다.

어휘체크	음악회	일시	장소
	마을 회관	공연	오케스트라

읽기 (43번~45번)　p.79

43.

① 저는 오늘 자전거를 못 탔습니다.
→ 다리가 아파서 버스를 탔습니다. (O)
② 저는 오늘 학교에 가지 않았습니다.
→ 버스를 타고 학교에 갔습니다.
③ 저는 매일 학교에 가서 운동을 합니다.
→ 자전거를 타면 운동이 됩니다.
④ 저는 보통 버스를 타고 학교에 갑니다.
→ 매일 자전거를 타고 학교에 갑니다.

어휘체크	자전거	타다	학교
	운동	다리	아프다
	버스		

44.

① 저는 친구와 연극을 봤습니다.
→ 오늘 친구와 연극을 보러 갔습니다. (O)
② 저는 극장에서 친구를 만났습니다.
→ 극장까지 함께 택시를 탔습니다.
③ 저는 극장까지 버스를 타고 갔습니다.
→ 택시를 타고 갔습니다.
④ 저는 친구와 식당에서 저녁을 먹었습니다.
→ 우리 집에서 저녁을 먹었습니다.

어휘체크	연극	극장	함께
	택시	저녁(을) 먹다	

45.

① 저는 내일 케이크를 살 겁니다.
→ 내일 친구에게 주려고 케이크를 만들었습니다.
② 친구가 케이크를 만들었습니다.
→ 제가 케이크를 만들었습니다.
③ 친구는 저에게 생일 선물을 주었습니다.
→ 제가 친구에게 케이크를 선물로 줄 겁니다.
④ 저는 내일 친구에게 케이크를 줄 겁니다.
→ 저는 내일 케이크를 선물로 줄 겁니다. (O)

어휘체크	생일	주다	케이크
	만들다	선물	

실전
모의고사

제1회

실전
모의고사

제2회

실전
모의고사

제3회

실전
모의고사

제4회

읽기 (46번~48번) p.80

46.

◆ '어머니의 오래된 지갑을 바꿔 드리고 싶어서 아르바이트를 합니다'가 중심 생각입니다. 답은 ④번입니다.

어휘체크	지갑	오래되다	바꾸다
	드리다	요즘	카페
	아르바이트		

47.

◆ '고향을 떠나 친구와 헤어질 때 슬퍼서 눈물이 났습니다'가 중심 생각입니다. 답은 ②번입니다.

어휘체크	고향	서울	올라오다
	역	배웅하다	헤어지다
	눈물이 나다		

48.

◆ '주말에 항상 같이 영화를 본 친구가 외국에 나갔습니다. 친구가 빨리 와서 같이 영화를 보고 싶습니다'가 중심 생각입니다. 답은 ③번입니다.

어휘체크	항상	일	외국
	빨리	-(으)면	

읽기 (49번~50번) p.81

49.

◆ 이 공간은 사람들이 점심시간에 가는 곳입니다. 점심 식사 후에 남은 시간 동안 하고 싶은 것을 할 수 있습니다. '식사'와 관련된 내용이 있어야 합니다. 답은 ③번입니다.

어휘체크	회사	체육관	도서관
	휴게실	시설	퇴근
	공간	보통	-기 때문이다

50.

① 우리 회사에는 식당이 있습니다.
→ 식당에 대한 내용은 없습니다.

② 우리 회사에서는 운동을 할 수 없습니다.
→ 회사에는 체육관이 있습니다.

③ 우리 회사에 있는 편의 시설들은 인기가 많습니다.
→ 회사 사람들은 편의 시설 공간을 좋아합니다. (○)

④ 우리 회사 사람들은 아침에 도서관에서 책을 읽습니다.
→ 아침에는 문을 열지 않습니다.

어휘체크	식당	편의 시설	인기

읽기 (51번~52번) p.82

51.

◆ 가정하여 말할 때, '-(으)면'을 사용합니다. 여행을 할 때 좋은 경치가 보이면 내려서 사진을 찍거나 여행하는 곳이 좋으면 오래 지냅니다. 답은 ④번입니다.

어휘체크	혼자	사진 찍다	기간
	장소	정하다	유명하다
	마을	운전	경치
	지내다		

52.

◆ '저는 혼자 여행하면서 사진 찍는 것을 좋아합니다.'는 혼자 하는 자유로운 여행에서 무엇을 하는지에 대해 이야기하고 있습니다. 답은 ④번입니다.

읽기 (53번~54번) p.83

53.

◆ 사람들은 내 목소리가 커서 싫어하는데 우리 할머니는 좋아하십니다. 할머니가 큰 목소리를 좋아하는 이유를 찾아야 합니다. 답은 ③번입니다.

어휘체크	목소리	크다 ↔ 작다	
	시끄럽다	계시다	할머니
	듣다	-마다	우편물
	신문		

54.

① 저는 할머니와 따로 살고 있습니다.
→ 할머니는 집에 계십니다.

② 사람들은 제 목소리를 잘 못 듣습니다.
→ 목소리가 커서 잘 듣습니다.

③ 많은 사람들이 제 목소리를 좋아합니다.
→ 많은 사람들이 시끄럽다고 싫어합니다.

④ 우리 할머니는 제 목소리를 좋아하십니다.
→ 작은 목소리를 잘 못 들으시는 할머니는 제 목소리를 좋아합니다. (○)

읽기 (55번~56번)   p.84

55.

➡ '고향(시골)을 떠나서 서울에서 혼자 살았는데 도시 생활이 좋지 않았습니다. 그래서 얼마 전에 시골에 집을 샀습니다.' 시골에 집을 산 이유를 찾아야 합니다. 답은 ③번입니다.

어휘체크	어리다	시골	자라다
	대학	복잡하다	도시
	생활	맞다	얼마 전에
	드디어		

56.

① 저는 도시 생활을 좋아합니다.
   → 도시 생활이 저한테 맞지 않았습니다.
② 저는 회사에 다니지 않았습니다.
   → 서울에서 회사에 다녔습니다.
③ 저는 어렸을 때부터 서울에서 살았습니다.
   → 어릴 때 시골에 살았습니다.
④ 저는 시골에 가서 과일을 키우려고 합니다.
   → 시골에 가서 과일을 키울 것입니다. (O)

읽기 (57번~58번)   p.85

57.

➡ 글씨를 예전에는 오른손으로 썼는데 오른손을 다쳐서 왼손으로 쓰게 되었다는 내용입니다.

원래 오른손으로 글씨를 썼습니다. (가)
→ 그런데 농구를 하다가 오른손을 다쳤습니다. (다)
→ 그때부터 왼손으로 글씨를 썼습니다. (나)
→ 이제는 익숙합니다. (라)
답은 ②번입니다.

어휘체크	원래	오른손	글씨
	쓰다	그때	왼손
	시작하다	농구	다치다
	처음	익숙하다	

58.

➡ 어린이 교통사고와 운전에 대해 말하고 있습니다.

학교 앞에서는 교통사고가 많이 납니다. (다)
→ (그 이유는) 왜냐하면 어린이는 키가 작아서 잘 안 보이기 때문입니다. (나)
→ 또 갑자기 도로로 뛰어들 때도 있습니다. (라)
→ 그래서 학교 앞에서는 운전할 때 조심해야 합니다. (가)
답은 ③번입니다.

어휘체크	운전하다	조심하다	왜냐하면
	보호	구역	교통사고
	갑자기	도로	뛰어들다

읽기 (59번~60번)   p.86

59.

➡ 우리 가족은 TV를 다 같이 보는데 조용히 보지 않습니다. 다음에 텔레비전을 보면서 이야기를 많이 한다는 내용이 와야 합니다. 답은 ②번입니다.

어휘체크	가족	거실	모이다
	텔레비전	프로그램	조용히
	드라마	뉴스	소리

60.

① 아버지와 어머니는 회사에 다닙니다.
   → 아버지와 어머니는 회사 이야기를 합니다. (O)
② 우리 가족은 각자 좋아하는 프로그램이 다릅니다.
   → 좋아하는 텔레비전 프로그램을 같이 봅니다.
③ 텔레비전을 보기 때문에 가족 이야기를 못 듣습니다.
   → 가족 이야기 때문에 텔레비전 소리를 못 듣습니다.
④ 우리 가족은 거실에서 텔레비전을 보는 것을 싫어합니다.
   → 거실에서 텔레비전을 보며 지내는 것을 좋아합니다.

읽기 (61번~62번) p.87

61.

➡ '발표를 잘 못해서 혼자 연습을 많이 합니다. 큰소리로 말하거나 거울을 보면서 연습을 합니다' 언제 혼자 연습하는지 찾아야 합니다. 답은 ④번입니다.

어휘체크	발표	서다	긴장되다
	떨리다	기회	연습
	거울	휴대 전화	녹음
	다시		

62.

① 저는 사람들 앞에서 연습을 많이 합니다.

→ 저는 혼자 연습을 합니다.

② 저는 연습한 것을 휴대 전화로 찍습니다.

→ 저는 휴대 전화로 녹음을 합니다.

③ 저는 사람들 앞에 서서 말을 할 때 긴장합니다.

→ 저는 너무 긴장되고 떨립니다. (○)

④ 저는 수업 시간에 발표할 일이 있으면 피합니다.

→ 발표할 기회가 있을 때마다 하려고 합니다.

| 어휘체크 | 피하다 |

읽기 (63번~64번) p.88

63.

➡ 유학생에게 전통춤을 가르쳐 준다는 안내 메일입니다. 답은 ④번입니다.

어휘체크	받다	보내다	제목
	유학생	무료	전통춤
	배우다	돈	걱정하다
	계시다	댄스	괜찮다
	언제나	환영하다	한복
	전화		

64.

① 수업은 1시간 동안 합니다.

→ 1시간 30분 동안 합니다.

② 수업은 일주일에 두 번 합니다.

→ 주 2회는 일주일에 두 번입니다. (○)

③ 한국인도 무료로 배울 수 있습니다.

→ 한국인은 유학생이 아닙니다.

④ 한복을 입고 수업을 배워야 합니다.

→ 처음 배울 때는 한복을 입지 않습니다.

| 어휘체크 | 무료 ↔ 유료 |

읽기 (65번~66번) p.89

실전
모의고사

제**2**회

실전
모의고사

제3회

실전
모의고사

제**4**회

65.

➡ 제 이름 덕분에 친구들이 이름을 잘 기억하고 옆에 항상 친구들이 있습니다. 그래서 '외롭지 않습니다'의 말이 들어가야 합니다. 답은 ①번입니다.

어휘체크	이름	옆	항상
	바라다	숫자	둘
	사투리	덕분에	기억하다
	의미	행복하다	고마움

66.

① 우리 할머니의 이름은 이두나입니다.

→ 제 이름이 이두나입니다.

② 저는 이름 때문에 친구를 사귀기 어렵습니다.

→ 제 옆에는 항상 친구들이 있습니다.

③ 제 이름은 어려워서 사람들이 잘 잊어버립니다.

→ 이름 덕분에 친구들이 잘 기억합니다.

④ 제 이름은 할머니가 특별한 의미로 지어 주셨습니다.

→ 특별한 의미의 멋진 이름은 할머니가 지어 주셨습니다. (○)

| 어휘체크 | 쉽다 ↔ 어렵다 | | |
| | 잊어버리다 | 기억하다 | 특별하다 |

읽기 (67번~68번) p.90

67.

➡ 누나는 요리에 관심이 없어서 거의 안 했는데 어머니가 손을 다친 후부터 요리를 시작한 것입니다. 답은 ③번입니다.

어휘체크	누나	요리	관심
	지난달	배추	썰다
	손가락	만들다	맛
	칭찬하다		

68.

① 누나가 만든 음식은 맛있었습니다.

→ 누나가 만든 요리는 맛이 없었습니다.

② 누나는 오래 전부터 요리를 많이 했습니다.

→ 누나는 요리에 관심이 없어서 거의 안 했습니다.

③ 누나는 요즘 요리에 관심을 갖게 되었습니다.

→ 자신감이 생기고 좋아하게 되었습니다. (○)

④ 어머니는 누나가 요리하는 것을 도와주셨습니다.

→ 어머니는 누나가 만든 요리를 칭찬해 주셨습니다.

어휘체크	도와주다

읽기 (69번~70번) p.91

69.

◉ '예전에 꿈은 배우였는데 배우가 되는 것이 어려웠습니다. 그래서 지금은 동화책을 읽어 주는 선생님이 되었습니다' (   ) 안에 는 '다른 일을 찾다'는 말이 와야 합니다. 답은 ④번입니다.

어휘체크	예전 배우 동화책 감정 웃다 보람	꿈 길 신생님 상황 기뻐하다	멋있다 생각 등장인물 연기하다 박수를 치다

70.

① 제 직업은 배우입니다.

→ 동화책을 읽어 주는 선생님입니다.

② 저는 지금 직업을 바꾸고 싶습니다.

→ 지금 하는 일이 즐겁고 보람이 있습니다.

③ 아이들은 책을 보면서 크게 웃습니다.

→ 책을 읽어 주는 제 모습을 보고 크게 웃습니다.

④ 제가 책을 읽어 주면 아이들이 좋아합니다.

→ 아이들은 크게 웃거나 기뻐하며 좋아합니다. (○)

어휘체크	바꾸다

4회 듣기 (1번~30번)

1	①	2	③	3	③	4	④	5	②
6	④	7	②	8	④	9	③	10	①
11	②	12	①	13	③	14	④	15	①
16	④	17	②	18	③	19	①	20	④
21	②	22	④	23	③	24	①	25	②
26	①	27	①	28	②	29	④	30	③

듣기 (1번~4번) p.95

1.
남자 : 가수예요?
여자 : _____

➡ 가수면 '네, 가수예요.', 아니면 '아니요, 가수가 아니에요.'로 대답을 합니다.

어휘체크 이다 ↔ 아니다

2.
여자 : 사과를 사요?
남자 : _____

➡ '네, 아니요'를 묻는 질문입니다. '네, (사과를) 사요.'나 '아니요, (사과를) 안 사요.'로 대답을 합니다.

3.
남자 : 무슨 일을 해요?
여자 : _____

➡ '무슨 일'에 대한 질문에는 '일, 직업'에 관한 대답을 합니다.

어휘체크 의사   병원

4.
남자 : 아침에 누구를 기다렸어요?
여자 : _____

➡ 상대방이 '누구를'이라고 질문하면 '대상(사람)을/를'으로 대답을 합니다.

듣기 (5번~6번) p.96

5.
남자 : 축하합니다.
여자 : _____

➡ 상대방이 '축하해요'라고 하면 감사의 표현인 '감사합니다.'나 '고맙습니다.'라고 대답을 합니다.

6.
여자 : 민호 씨, 오랜만이에요.
남자 : _____

➡ '오랜만이에요'는 안부를 묻는 인사말입니다. 이럴 때는 '네, 오랜만이에요', '반가워요', '잘 지냈어요?' 등과 같은 대답을 합니다.

듣기 (7번~10번) p.96

7.
남자 : 다음 영화는 몇 시예요?
여자 : 세 시와 다섯 시가 있습니다.

➡ '영화'와 '시간'을 말하는 것으로 볼 때 여기는 극장입니다.

어휘체크 영화

8.
여자 : 사장님은 아직 출근 안 하셨어요.
남자 : 그럼 우리 먼저 회의를 합시다.

➡ '사장님', '출근', '회의'의 표현으로 볼 때 여기는 회사입니다.

어휘체크 출근   회의

9.
남자 : 이 그림은 유명한 화가가 그렸어요.
여자 : 그래요? 멋있네요.

➡ '그림'과 '화가'를 말하는 것으로 볼 때 여기는 미술관입니다.

어휘체크 화가

10.
여자 : 제주도 비행기는 어디에서 타요?
남자 : 3층으로 올라가세요.

➡ '비행기', '타다'라는 어휘로 볼 때 여기는 공항입니다.

11.

남자 : 가방이 예쁘네요. 샀어요?

여자 : 아니요, 생일에 친구가 줬어요.

🔵 가방을 샀냐는 질문에 친구가 생일에 줬다고 이야기하는 것으로 볼
때 선물에 대해 말하고 있습니다.

12.

남자 : 이가 아플 때만 먹어요?

여자 : 아니요, 하루 세 번 드세요.

🔵 이가 아플 때 먹고 몇 번 먹는지에 대해 이야기하는 것으로 볼 때 약
에 대해 말하고 있습니다.

13.

여자 : 강남에 어떻게 가요?

남자 : 버스나 지하철을 타세요.

🔵 남자가 여자에게 강남(지역 이름)에 가는 교통편에 대해 말하고 있습
니다.

14.

여자 : 저는 학교 선생님이에요.

남자 : 아, 저는 요리사예요.

🔵 여자가 남자에게 '학교 선생님이에요'라고 하고, 남자는 '요리사예
요'라고 하는 것으로 볼 때 직업에 대해 말하고 있습니다.

> 어휘체크   직업

15.

여자 : 구두가 편하고 좋네요. 그런데 색깔이 조금 어
두운 것 같아요.

남자 : 그럼 이 빨간색 구두를 한번 신어 보세요.

🔵 구두 가게에서 여자가 구두를 신어 보고 있는 상황입니다.

16.

남자 : 이 그림 여기쯤 걸까요?

여자 : 음…… 조금만 더 왼쪽에 걸어요.

남자 : 여기 침대 쪽이요?

🔵 남자가 그림을 들고 있는 상황입니다.

> 어휘체크   걸다

17.

여자 : 진수 씨, 여름휴가에 뭐 할 거예요?

남자 : 이번 휴가에는 어디에 가지 않고 집에서 쉬려
고 해요. 수지 씨는요?

여자 : 그래요? 저는 친구들과 놀이공원에 갈 거예요.

🔵 여자와 남자가 여름휴가에 무엇을 할 것인지에 대해 이야기하는 상
황입니다.

① 남자는 휴가에 놀러갈 것입니다.

→ 남자는 집에서 쉬려고 합니다.

② 남자는 여름에 휴가가 있습니다.

→ 남자는 이번 휴가에는 집에서 쉬려고 합니다.

③ 여자는 여름에 남자와 놀이공원에 갑니다.

→ 여자는 여름에 친구들과 놀이공원에 갑니다.

④ 여자는 휴가에 친구들과 여행을 갈 것입니다.

→ 여자는 휴가에 친구들과 놀이공원에 갈 것입니다.

> 어휘체크   놀이공원

18.

남자 : 와, 노래를 잘하네요.

여자 : 그래요? 한국 노래를 좋아해서 자주 불러요.

남자 : 저는 노래를 잘 못해요. 저도 정은 씨처럼 노래
를 잘하고 싶어요.

여자 : 그럼 노래를 자주 듣고 친구들과 노래방도 가
보세요.

🔵 남자는 노래를 잘 못합니다. 여자는 노래를 자주 듣고 친구들과 노
래방도 가 보라고 이야기하는 상황입니다.

① 남자는 노래를 아주 잘합니다.

→ 남자는 노래를 잘 못합니다.

② 남자는 지금 노래방에 갑니다.

→ 여자가 나중에 노래방에 가 보라고 이야기합니다.

③ 여자는 한국 노래를 자주 부릅니다.

→ 여자는 한국 노래를 좋아해서 자주 부릅니다.

④ 여자는 친구들과 가끔 노래를 듣습니다.

→ 대화에서 나오지 않은 내용입니다.

19.

여자 : 이번 주말에 같이 야구 보러 갈래요?

남자 : 음… 이번 주말에는 비가 와요. 농구는 어때요?

여자 : 좋아요. 농구는 안에서 하니까 괜찮을 것 같아요.

남자 : 그래요. 야구는 날씨가 좋으면 보러 가요.

🔵 여자는 남자와 야구를 보고 싶어서 이야기를 하는 상황입니다.

① 남자는 주말 날씨를 이야기했습니다.

   → 남자는 이번 주말에 비가 온다고 말했습니다.

② 여자는 남자와 같이 야구를 봤습니다.

   → 아직 보러 가지 않았습니다.

③ 여자는 지금 농구를 하고 싶어 합니다.

   → 여자는 농구를 보고 싶어 합니다.

④ 남자는 이번 주말에 야구를 볼 겁니다.

   → 남자는 이번 주말에 농구를 볼 겁니다.

20.

남자 : 이번 달에 고향에 돌아가는데 침대를 어떻게 하면 좋을까요?

여자 : 학교 게시판이나 인터넷으로 팔아 보세요.

남자 : 아, 그런데 침대를 너무 오래 사용해서 팔 수 없어요.

여자 : 그럼 인터넷으로 신청한 후 버릴 수 있어요. 제가 알려 줄게요.

➡ 남자가 고향에 돌아가게 되어서 침대에 대해 여자에게 묻는 상황입니다.

① 남자는 침대를 사고 싶어 합니다

   → 남자는 침대를 없애고 싶어 합니다.

② 여자는 남자에게 침대를 살 겁니다.

   → 여자는 남자에게 침대를 없앨 방법을 알려 주고 있습니다.

③ 남자는 침대를 팔고 싶지 않습니다.

   → 남자는 고향에 가야 돼서 침대를 없애고 싶어 합니다.

④ 여자는 인터넷 신청을 도와 줄 겁니다.

   → 여자가 남자에게 인터넷 신청을 알려 줄 겁니다.

어휘체크	게시판	신청하다

21.

여자 : 여보세요. 거기 서울 여행사지요? 일본 여행을 예약하고 싶은데요.

남자 : 일본 여행이요? 잠시만요. 언제 출발하세요?

여자 : 다음 주 금요일에 출발하고 3박 4일이면 좋겠어요.

남자 : 아, 네, 있습니다. 그럼 이름과 전화번호를 말씀해 주시면 예약해 드릴게요.

➡ 여자는 손님, 남자는 여행사 직원입니다. 여자는 일본 여행을 예약하려고 남자와 대화하는 상황입니다.

① 여자는 일본 여행을 예약했습니다.

   → '예약하고 싶은데요.'는 아직 예약을 안 한 것입니다.

② 남자는 서울 여행사에서 일을 합니다.

   → 남자는 서울 여행사 직원입니다.

③ 여자는 주말에 일본으로 여행을 갈 겁니다.

   → 금요일에 출발하고 3박 4일이니까 주중과 주말 모두입니다.

④ 남자는 여자에게 이름과 전화번호를 말했습니다.

   → 여자가 남자에게 이름과 전화번호를 말해야 합니다.

어휘체크	여행사	예약	출발하다

듣기 (22번~24번)   p.100

22.

여자 : 마이클 씨, 이번에 고향에 돌아가요?

남자 : 아니요, 저는 한국 대학교에서 공부하고 싶어요.

여자 : 그럼 대학교 홈페이지나 인터넷을 찾아 보세요. 도움이 될 거예요.

남자 : 네, 찾아 보고 친구들한테도 물어보려고 해요.

➡ 두 사람은 한국 대학교에서 공부하는 것에 대해서 대화하고 있습니다.

① 마이클 씨와 고향에 돌아가고 싶습니다.

   → 마이클 씨는 고향에 돌아가고 싶지 않습니다. 한국 대학교에서 공부하고 싶어 합니다.

② 마이클 씨 친구들에게 물어보면 좋겠습니다.

   → 여자는 홈페이지나 인터넷을 찾아 보라고 했습니다

③ 마이클 씨에게 공부를 가르쳐 주고 싶습니다.

   → 대화에 나오지 않은 내용입니다.

④ 마이클 씨가 대학교 홈페이지를 찾아 보면 좋겠습니다.

   → 여자는 홈페이지나 인터넷을 찾는 게 도움이 될 거라고 했습니다.

어휘체크	홈페이지

23.

여자 : 여보세요? 거기 수리 센터지요? 텔레비전이 안 나오는데 고칠 수 있을까요?

남자 : 네, 텔레비전을 봐야 하는데 수리 센터에 가지고 오실 수 있습니까?

여자 : 아니요, 텔레비전이 무거워서 수리 기사님이 오시면 좋겠어요.

남자 : 네, 그럼 언제 시간이 되십니까? 예약해 드리겠습니다.

➡ 두 사람은 텔레비전 수리에 대해서 대화하고 있습니다. 여자는 손님이고 남자는 수리 센터 직원입니다.

① 예약 시간을 알고 싶습니다.

   → 시간은 내용에 나와 있지 않습니다.

② 오늘 텔레비전을 봐야 합니다.

   → '오늘'이라는 말은 대화에 나오지 않은 내용입니다.

③ 수리 기사님이 집으로 오면 좋겠습니다.

   → 여자는 '수리 기사님이 오시면 좋겠어요'라고 말했습니다.

④ 수리 센터에 가서 텔레비전을 고치고 싶습니다.

　　→ 텔레비전이 무거워서 수리 기사님이 오는 것이 좋습니다.

어휘체크	수리 센터	고치다	수리 기사

24.

　　남자 : 지난주에 바쁘고 힘들어서 주말에 오래 잤는데 피곤해요.

　　여자 : 주말에 계속 집에서 잠만 잤어요?

　　남자 : 네, 평일에는 잠을 많이 못 자니까 주말에 계속 잠만 자요.

　　여자 : 너무 오래 잠을 자는 것은 건강에 안 좋아요. 매일 6시간 정도 자는 게 좋아요.

● 두 사람은 주말에 한 일과 잠에 대해 대화하고 있습니다.

　　① 잠은 알맞게 자는 것이 좋습니다.

　　　　→ 매일 6시간 정도 자는 게 좋습니다.

　　② 바쁘고 힘들면 오래 자야 합니다.

　　　　→ 너무 오래 잠을 자는 것은 건강에 안 좋습니다.

　　③ 매일 6시에 자는 것이 건강에 좋습니다.

　　　　→ 매일 '6시'가 아니고 '6시간'이 맞습니다.

　　④ 평일보다 주말에 자는 것이 더 좋습니다.

　　　　→ '매일 6시간'씩 규칙적으로 자는 게 좋습니다.

어휘체크	피곤하다 　　 평일
	자다 + A/V-(으)니까 예 자니까

듣기 (25번~26번)　p.101

　　여자 : 관리소에서 잠시 안내 말씀 드립니다. 우리 아파트에서 이번 주 토요일과 일요일에 대청소를 하려고 합니다. 청소 회사 직원들이 오전 10시부터 오후 6시까지 청소를 합니다. 계단과 복도는 물청소를 할 것입니다. 계단이나 복도에 있는 자전거나 물건을 다른 곳에 놓으시기 바랍니다. 그럼 즐거운 하루 보내시기 바랍니다. 감사합니다.

25.

● 여자는 주말에 있는 아파트 대청소에 대한 안내 방송을 하고 있습니다.

26.

　　① 이번 주 주말에 대청소를 합니다.

　　　　→ 이번 주 토요일과 일요일에 대청소를 합니다.

② 아파트 사람들은 주말에 청소를 합니다.

　　→ 청소는 청소 회사 직원들이 합니다.

③ 계단이나 복도에 물건을 놓을 수 있습니다.

　　→ 자전거나 물건을 다른 곳에 놓아야 합니다.

④ 일요일 오전부터 오후까지만 청소를 합니다.

　　→ 토요일과 일요일 주말에 합니다.

어휘체크	관리소	안내	대청소
	직원	계단	복도

듣기 (27번~28번)　p.101

　　남자 : 오늘 수업 끝났네요. 같이 피시방에 갈까요?

　　여자 : 아, 미안해요. 저는 서점에 갈 거예요.

　　남자 : 아, 책 사러 가요?

　　여자 : 아니요, 저는 가끔 서점에 가서 책 구경도 하고 커피도 마시고 쇼핑도 해요.

　　남자 : 맞아요. 요즘 큰 서점에는 카페도 있고 쇼핑도 할 수 있죠. 저는 책을 살 때만 서점에 갔었는데... 제가 같이 가도 될까요?

　　여자 : 네, 같이 가요. 꼭 책을 사지 않아도 돼요. 서점 구경도 재미있어요.

27.

● 두 사람은 서점에 가는 이유(서점에서 할 수 있는 것)에 대해서 이야기하고 있습니다.

28.

　　① 남자는 오늘 피시방에 갈 겁니다.

　　　　→ 여자에게 서점에 같이 가자고 말했습니다.

　　② 여자는 서점에 가는 것을 좋아합니다.

　　　　→ 여자는 서점에서 책 구경도 하고 커피도 마시고 쇼핑도 합니다.

　　③ 남자는 가끔 서점에서 커피를 마십니다.

　　　　→ 여자가 가끔 서점에서 커피를 마십니다.

　　④ 여자는 서점에서는 책을 사지 않습니다.

　　　　→ 대화에 나오지 않은 내용입니다.

어휘체크	피시방	서점=책방	구경

남자 : 작가님, 이번에 새로 나온 책은 어떤 책입니까?

여자 : 저도 엄마이고 여성으로서 경험할 수 있는 일들을 쓴 것이에요.

남자 : 아, 그렇군요. 그럼 이 책을 쓰신 특별한 이유가 있으십니까?

여자 : 예전에는 아기를 낳고 키우는 것은 엄마만의 일이었지요. 그러나 요즘은 아기를 낳고 키울 때 부부가 같이 서로 도와요. 사람들의 생각이 많이 바뀌었지요.

남자 : 그럼 예를 들어 어떤 것들이 바뀌었습니까?

여자 : 아이를 낳고도 일을 계속 하고 싶은 여성들은 회사에 육아 휴직을 신청할 수 있어요. 그리고 엄마만이 아니라 아빠도 육아 휴직을 신청해서 부부가 같이 아이를 키울 수 있게 되었지요.

29.

➡ 여자는 엄마와 여성으로서의 <u>경험과 생각을 소개</u>하고 싶습니다.

30.

① 여자는 아기를 낳지 않았습니다.

→ 여자는 '저도 엄마이고'라고 했습니다.

② 여자는 회사에서 일을 하고 싶어 합니다.

→ 대화의 여자가 아니고 요즘 여성들은 일을 계속 하고 싶어 합니다.

③ 여자는 바뀐 사람들의 생각을 이야기하고 있습니다.

→ 요즘은 사람들의 생각이 많이 바뀌었다고 말했습니다.

④ 여자는 아기를 낳았을 때 회사에서 쉰 적이 있습니다.

→ 대화의 내용에 나오지 않습니다.

| 어휘체크 | 특별하다 | 예전 | 낳다 |
| | 키우다 | 육아 휴직 | |

31 ④	32 ②	33 ①	34 ③	35 ①
36 ④	37 ③	38 ①	39 ②	40 ④
41 ③	42 ②	43 ②	44 ①	45 ③
46 ②	47 ③	48 ④	49 ③	50 ①
51 ①	52 ③	53 ①	54 ③	55 ①
56 ③	57 ④	58 ②	59 ③	60 ②
61 ④	62 ②	63 ④	64 ①	65 ①
66 ①	67 ④	68 ④	69 ③	70 ②

31.

➡ '비빔밥', '불고기'는 <u>음식</u>을 말합니다.

| 어휘체크 | 비빔밥 | 불고기 | 맛있다 |

32.

➡ 제주도, 부산은 지역 이름입니다. <u>여행지</u>를 말합니다.

33.

➡ '앞, 뒤'는 <u>방향이나 위치</u>를 말합니다.

| 어휘체크 | 앞 | 뒤 | 위치 |

34.

➡ 공원에서 걷는 것은 <u>산책</u>입니다.

| 어휘체크 | 매일 | 공원 | 산책 |
| | 약속 | | |

35.

➡ 드라마에 나오는 사람은 <u>배우</u>입니다.

| 어휘체크 | 좋아하다 | 드라마 | 배우 |
| | 기자 | 의사 | 요리사 |

36.

⊃ 모를 때 다른 사람에게 '물어본다/ 물어봅니다'라고 합니다.

어휘체크	모르다	읽다	기다리다
	구경하다	묻다(물어보다)	

37.

⊃ 가방에 책이 많으면 <u>무겁습니다.</u> ↔ 책이 없으면 가볍습니다.

어휘체크	무겁다 ↔ 가볍다		어렵다

38.

⊃ 가장 높은 것은 <u>제일</u> 높은 것으로 말할 수 있습니다.

어휘체크	제일	별로	먼저
	가끔		

39.

⊃ '-아/어서'는 이유의 문법입니다. 너무 맛있어서 <u>많이</u> 먹습니다.

어휘체크	많이	조금	벌써
	요즘		

읽기 (40번~42번) p.105

40.

① 3일 동안 먹습니다.
　　→ 3일분입니다.
② 하루에 한 번 먹습니다.
　　→ 1일 1회 먹습니다.
③ 봉투 안에 약이 있습니다.
　　→ 약은 봉투 안에 있습니다.
④ 김민수 씨는 약국에서 일합니다.
　　→ 약을 먹을 환자입니다. (✕)

어휘체크	1일	3일분	봉투
	날짜		

41.

희망 도서관

이용 시간 : 화요일~일요일 오전 9시~오후 6시
쉬는 날 : 매주 월요일, 공휴일

※설연휴에는 3일 동안 문을 닫습니다.

① 아침 9시에 시작합니다.
　　→ 9시부터 이용할 수 있습니다.
② 설날에는 갈 수 없습니다.
　　→ 설날에는 문을 닫습니다.
③ 일주일 모두 문을 엽니다.
　　→ 월요일, 공휴일은 쉬는 날입니다. (✕)
④ 월요일에는 문을 닫습니다.
　　→ 월요일은 쉬는 날입니다. 문을 닫습니다.

어휘체크	오전	오후	공휴일
	연휴	닫다	

42.

히엔 제 고향은 바다가 아름다워요.
　ㄴ 나나 와! 저도 가고 싶어요.
　　ㄴ 히엔 이번 방학에 같이 가요.

① 지금은 방학이 아닙니다.
　　→ 아직 방학이 시작되지 않았습니다.
② 히엔 씨는 고향에 왔습니다.
　　→ 방학에 가려고 합니다. (✕)
③ 나나 씨는 히엔 씨 고향에 가고 싶습니다.
　　→ 나나 씨도 히엔 씨 고향의 바다에 가고 싶습니다.
④ 히엔 씨 고향에서 바다를 볼 수 있습니다.
　　→ 히엔 씨 고향의 바다는 아름답습니다.

읽기 (43번~45번) p.107

43.

① 자주 식당에 갑니다.
 → 집에서 요리를 합니다.
② 저는 요리를 좋아합니다.
 → 취미가 요리입니다. (○)
③ 친구가 주말에 초대를 했습니다.
 → 친구를 초대할 것입니다.
④ 주말에는 항상 한국 음식을 먹습니다.
 → 항상 먹는다는 말은 내용에 없습니다.

어휘체크	취미	요리	자주
	만들다	초대	항상

44.

① 어제 친구를 만났습니다.
 → 어제 인천 공항에서 친구를 만났습니다. (○)
② 친구가 고향에 갔습니다.
 → 고향에서 친구가 왔습니다.
③ 저는 오늘 고향집에 왔습니다.
 → 친구와 같이 우리 집에 왔습니다.
④ 친구와 같이 공항에 갔습니다.
 → 친구를 만나러 내가 공항에 갔습니다.

어휘체크	고향	공항	마중
	고향집		

45.

① 컴퓨터로 신청합니다.
 → 직접 신청하러 갔습니다.
② 문화센터에 가지 못했습니다.
 → 문화센터에 갔습니다.
③ 기간 안에 신청을 해야 합니다.
 → 컴퓨터 수업은 신청 기간 동안 해야 합니다. (○)
④ 저는 컴퓨터 수업을 들을 수 있습니다.
 → 기간이 끝나서 수업을 못 듣습니다.

어휘체크	신청하다	기간

읽기 (46번~48번) p.108

46.

 '친구는 댄스를 잘 춥니다. 가수 같습니다. 그 친구처럼 되고 싶어서 댄스를 배우고 싶습니다'가 중심 생각입니다. 답은 ②번입니다.

어휘체크	-처럼

47.

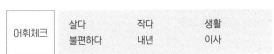 '꽃 사진 찍는 것을 좋아합니다. 그래서 봄이 오면 좋겠습니다'가 중심 생각입니다. 답은 ③번입니다.

어휘체크	꽃	사진(을) 찍다
	주말	자주	봄

48.

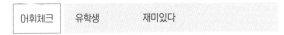 '지금 사는 집이 작아서 불편합니다. 그래서 이사를 가고 싶습니다'가 중심 생각입니다. 답은 ④번입니다.

어휘체크	살다	작다	생활
	불편하다	내년	이사

읽기 (49번~50번) p.109

49.

'한국어를 잘해서 한국어로 드라마를 보고 싶습니다. ( ) 지금 한국어 실력이 늘지 않아서 고민입니다'라는 내용입니다. ( )에는 앞의 내용과 반대의 내용을 말할 때 쓰는 '그런데'를 써야 합니다. 답은 ③번입니다.

어휘체크	어학당	잘하다	실력
	늘다	고민	방법

50.

① 저는 한국어를 잘 못합니다.
 → 실력이 늘지 않습니다. '잘 못합니다.'의 뜻입니다. (○)
② 어학당에는 유학생이 많습니다.
 → 내용에 없습니다.
③ 드라마 보는 방법을 알고 싶습니다.
 → 한국어를 잘하는 방법을 알고 싶습니다.
④ 한국어로 드라마를 보면 재미있습니다.
 → 한국어로 드라마를 보고 싶습니다.

어휘체크	유학생	재미있다

51.

➡️ 개업 1주년 할인 행사에 대해 안내를 하고 있습니다. 여기에는 '선택'의 의미를 가지고 있는 '-(V)거나'가 들어가야 합니다. 답은 ①번입니다.

어휘체크	개업	할인	행사
	올해	특히	사은품
	무료		

52.

➡️ '이 행사에서는 상품을 싸게 살 수 있습니다. 1층에서는 음료수도 맛볼 수 있습니다'는 행사에서 할 수 있는 일에 대해 이야기합니다. 답은 ③번입니다.

어휘체크	장소	상품

53.

➡️ '비 올 때 우산이 없는 나를 친구가 집까지 데려다 주었습니다. 다음에 같이 밥을 먹기로 했습니다.' 밥을 같이 먹기로 한 이유를 찾아야 합니다. 답은 ①번입니다.

어휘체크	비를 맞다	데려다 주다

54.

① 수업을 할 때 비가 왔습니다.
  → 수업 후 집에 올 때 왔습니다.
② 저는 친구 집에 같이 갔습니다.
  → 친구가 저를 우리 집에 데려다 줬습니다.
③ 저는 친구와 밥을 먹을 겁니다.
  → 다음에 같이 밥을 먹기로 했습니다. (O)
④ 친구에게 우산을 가지고 갈 겁니다.
  → 친구가 우산을 같이 쓰고 집까지 데려다 주었습니다.

55.

➡️ 지금은 없지만 내년에 생길 것에 대해 말합니다. 조건이나 가정의 의미인 '-(으)면'을 써야 합니다. 그리고 지하철역 출입구 이야기를 하고 있으니까 답은 ③번입니다.

어휘체크	얼마 전	출입구	이용하다
	출퇴근		

56.

① 지하철 역 출입구는 큽니다.
  → 내용에 없습니다.
② 지하철을 타고 출근하면 불편합니다.
  → 내년에 지하철역 출입구가 생기면 편리해질 것입니다.
③ 인주시는 아파트를 지으려고 합니다.
  → 아파트를 짓는 것은 내용에 없습니다.
④ 아파트에 지하철역 출입구를 만들 것입니다.
  → 내년에 지하철역 출입구를 만들 것입니다. (O)

57.

➡️ 오래된 우유를 마셔서 배가 아팠다는 내용입니다.

지난 주말에 마트에서 우유를 샀습니다. (다)
→ 오늘 아침에 그 우유를 마셨습니다. (가)
→ 그런데 우유를 마실 수 있는 날짜가 많이 지났습니다. (라)
→ 그래서 우유를 마시고 배가 아팠습니다. (나)
답은 ④번입니다.

어휘체크	지난 주말	마트	날짜
	지나다		

58.

➡️ 꿀벌의 춤 언어의 의미에 대한 이야기입니다.

꿀벌에게는 춤 언어가 있습니다. (가)
→ 아시아와 유럽의 꿀벌은 서로 다른 춤을 춥니다. (나)
→ 하지만 두 꿀벌은 같이 생활하면서 춤 언어로 정보를 전합니다. (라)
→ 이 정보를 가지고 음식이 있는 장소를 찾을 수 있습니다. (다)
답은 ②번입니다.

어휘체크	꿀벌	언어	아시아
	유럽	춤(을) 추다	
	정보	생활	전하다

59.

➡ 엘리베이터를 타지 않고 계단을 이용한다는 내용입니다. 계단으로 올라간다는 말 다음에는 처음에는 힘들었다는 내용이 와야 합니다. 답은 ③번입니다.

어휘체크	건물	출근	엘리베이터
	계단		

60.

① 저는 20층에서 일합니다.

　　→ 12층에서 일합니다.

② 계단으로 올라가면 운동이 됩니다.

　　→ 처음에는 힘들었지만 지금은 운동도 됩니다. (○)

③ 우리 회사는 일찍 출근해야 합니다.

　　→ 내용에 없습니다.

④ 매일 아침 엘리베이터를 기다립니다.

　　→ 저는 사람들이 많아서 계단으로 다닙니다.

어휘체크	기다리다

61.

➡ 순서의 의미를 가지고 있는 '-아/어서'의 문법을 써야 합니다. 해외에 많이 가고 싶은 것은 외국 회사에 들어간 다음에 있는 일입니다. 답은 ④번입니다.

어휘체크	작년	아직	들어가다
	해외	외국어	올해

62.

① 지금 회사에 다니고 있습니다.

　　→ 회사에 들어가지 못했습니다.

② 외국 회사에서 일하려고 합니다.

　　→ 외국 회사에서 일하고 싶습니다.

③ 친구들은 외국 회사에서 일합니다.

　　→ 내용에 없습니다.

④ 저는 대학에서 컴퓨터를 배웁니다.

　　→ 졸업을 하고 지금 컴퓨터를 공부합니다.

63.

➡ 여행사의 안내 메일입니다. 만날 날짜, 장소 그리고 주의 사항이 있습니다. 답은 ④번입니다.

어휘체크	여행사	시베리아	열차
	공항	뵙다	여행용
	얇다	벌	

64.

① 이 여행은 기차를 타고 다닙니다.

　　→ 열차(기차) 여행입니다. (○)

② 여행할 곳은 날씨가 항상 좋습니다.

　　→ 비가 올 수 있습니다.

③ 큰 가방에 얇은 옷을 넣어야 합니다.

　　→ 큰 가방은 이동할 때 불편합니다.

④ 인천 공항 3층에서 열차가 출발합니다.

　　→ 공항에서는 비행기가 출발합니다.

어휘체크	항상	기차

65.

➡ 당근은 눈 건강에 좋습니다. 소화도 돕고 위를 보호해 줍니다. '그러나' 표현을 볼 때 뒤 내용은 당근의 장점이 아닌 단점이 와야 합니다. 답은 ①번입니다.

어휘체크	당근	비타민	건조하다
	지키다	소화	위
	요리	기름	볶다

66.

① 당근을 먹으면 건강에 좋습니다.

　　→ 당근은 눈과 위에 좋습니다. (○)

② 요리하지 않은 음식이 좋습니다.

　　→ 요리를 안 하고 먹으면 배가 아프기도 합니다.

③ 많은 야채와 과일을 먹어야 좋습니다.

　　→ 내용에 없습니다.

④ 날씨가 추울 때 기름진 음식이 좋습니다.

　　→ 내용에 없습니다.

어휘체크	기름지다

실전 모의고사 제1회
실전 모의고사 제2회
실전 모의고사 제3회
실전 모의고사 제4회

읽기 (67번~68번) p.118

67.

⊘ 덥고 비가 많이 오는 여름에는 짜증이 나거나 병에 걸릴 수 있습니다. 우울하고 잠이 안 올 수 있는 이유를 찾아야 합니다. 답은 ④번입니다.

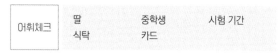

어휘체크	짜증이 나다	알레르기	우울하다
	햇빛	산책	스트레스
	깨끗이		

68.

① 샤워를 하면 잠이 잘 옵니다.

　　→ 내용에 없습니다.

② 여름에는 날씨가 맑고 깨끗합니다.

　　→ 비가 많이 오고 아주 덥습니다.

③ 기분이 안 좋아지면 알레르기가 생깁니다.

　　→ 내용에 없습니다.

④ 건강을 위해 운동이나 산책이 도움이 됩니다.

　　→ 운동이나 산책을 하면 좋습니다. (○)

읽기 (69번~70번) p.119

69.

⊘ 시험 공부를 하지 않고 놀고 있다고 생각한 엄마는 딸을 혼냈고 방으로 돌아간 딸은 기분이 안 좋아졌을 것입니다. 답은 ③번입니다.

어휘체크	딸	중학생	시험 기간
	식탁	카드	

70.

① 딸은 열심히 공부를 했습니다.

　　→ 딸은 그림을 그리고 있었습니다.

② 저는 딸의 마음을 잘 몰랐습니다.

　　→ 딸의 마음을 몰라 화를 냈습니다. (○)

③ 딸은 식탁에 예쁜 그림을 그렸습니다.

　　→ 종이에 그림을 그렸습니다.

④ 저는 생일 다음 날 카드를 받았습니다.

　　→ 생일날에 카드를 받았습니다.

어휘체크	마음